为人生的教育

·名家名师对话叶圣陶·

杨斌 主编

华东师范大学出版社
ECNUP
上海市著名商标
全国百佳图书出版单位

图书在版编目（CIP）数据

为人生的教育：名家名师对话叶圣陶/杨斌主编 . —上海：华东师范大学出版社，2018
ISBN 978-7-5675-8097-8

I. ①为... II. ①杨... III. ①叶圣陶（1894—1988）—教育思想—研究 IV. ①G40-092.7

中国版本图书馆 CIP 数据核字（2018）第 172339 号

大夏书系·与大师同行

为人生的教育
——名家名师对话叶圣陶

主　　编　杨　斌
策划编辑　朱永通
审读编辑　万丽丽
封面设计　奇文云海·设计顾问

出版发行　华东师范大学出版社
社　　址　上海市中山北路 3663 号　邮编　200062
网　　址　www.ecnupress.com.cn
电　　话　021-60821666　行政传真　021-62572105
客服电话　021-62865537
邮购电话　021-62869887　地址　上海市中山北路 3663 号华东师范大学校内先锋路口
网　　店　http://hdsdcbs.tmall.com

印 刷 者　北京季蜂印刷有限公司
开　　本　700×1000　16 开
插　　页　1
印　　张　13.5
字　　数　199 千字
版　　次　2018 年 8 月第一版
印　　次　2018 年 8 月第一次
印　　数　6 100
书　　号　ISBN 978-7-5675-8097-8/G·11366
定　　价　42.00 元

出 版 人　王　焰

（如发现本版图书有印订质量问题，请寄回本社市场部调换或电话 021-62865537 联系）

目 录

Contents

叶圣陶在其一生的教育改革探索中，始终走在时代前列，顺应当代中国社会变革和教育改革要求，不懈地对中国传统教育思想、教育文化和传入中国的外国近现代教育理论、教育经验进行反思批判和继承革新，并且博采众家之长，不断发展自我。因而他的教育思想能够更充分地体现与时俱进的精神，充满创新的生命活力。

叶圣陶这一研究对象的丰富性，足以使任何一个研究者难以自信地说自己的角度就是唯一正确的。叶圣陶文化遗产价值的丰富性，先在地决定了我们对其研究的视角不可能是单一的。因此，只有通过多角度的观照，才能勾画出叶圣陶思想的全貌。

导言：叶圣陶"为人生"教育思想概论

叶圣陶是 20 世纪中国伟大的教育家，是中国现代文化教育的一代宗师。

20 世纪中国社会风云激荡，革旧鼎新。叶圣陶积极投身时代激流，以深厚国学根底、广阔文化视野和现代教育理念，躬身从事文化教育工作 70 余载，深思慎取，博采众长，总结、提炼和积淀出丰厚珍贵的教育思想。

一

叶圣陶，名绍钧，字秉臣。入中学后改字圣陶。1894 年 10 月 28 日（农历 9 月 30 日）出生于苏州城内悬桥巷一平民家庭。1900—1905 年，叶圣陶在私塾就学，打下了坚实的国学基础。1906 年春，叶圣陶进入苏州城内第一所公立小学（长元吴公立高等小学）读书，1907 年春，以优异的成绩越级考入苏州公立第一中学堂（又称草桥中学）。中学毕业前夕，叶圣陶在日记里认定了自己的人生志向："此身定当从事于社会教育，以改革我同胞之心，庶不有疚于我心焉。"[《叶圣陶集（第 19 卷）》] 1912 年中学毕业后，叶圣陶先后到苏州言子庙小学、上海尚公学校任教。

1917 年春，应吴县县立第五高等小学（位于甪直）校长吴宾若的邀请，叶圣陶到该校担任教员，直至 1921 年夏。其间，杜威于 1920 年 6 月来苏州讲学，叶圣陶现场聆听了杜威的演讲，并受到其"儿童中心主义"思想的影响。在甪直，叶圣陶和朋友们开展了轰轰烈烈的教育改革实验，撰写了《今日中国的小学教育》《小学教育的改造》等重要文章；并于 1928 年在《教育杂志》上连载长篇小说《倪焕之》。叶圣陶说："我真正的教育生涯是从用直开始的。"他称用直为自己的"第二故乡"。

1923年年初至1931年年初，叶圣陶在商务印书馆工作，期间编辑出版了一系列中小学国文课本，执笔撰写了我国第一部初中语文课程标准——《初级中学国语课程纲要》。1931年2月，叶圣陶任开明书店编辑、编译所副主任、《中学生》杂志主编，编写国文课本和《中学生》杂志。叶圣陶编写的语文教材，注重系统性和科学性，开辟了教材建设新蹊径，《开明国语课本》《开明国文讲义》《初中国文教本》，尤其是《国文百八课》，至今仍不失为语文教材的范本，为我国现代语文教材建设打下良好基础。《中学生》杂志，旨趣在于"替中学生诸君补校课的不足；供给多方的趣味与知识；指导前途；解答疑问；且作便利的发表机关"。《中学生》培养了大批读者和作者，在社会上产生了极为广泛的影响。

1949年10月20日，叶圣陶被任命为国家出版总署副署长兼编审局局长，后又担任人民教育出版社社长。叶圣陶倾注毕生精力，主持编辑出版了几乎全部中小学语文教科书，为新中国语文教学打下坚实基础。

二

叶圣陶教育思想的总纲，即"为人生"的教育本质观。中小学教育要着眼于学生的成长和终身发展，为学生一生发展奠基。这是叶圣陶一以贯之的教育思想。一个世纪前，刚走上教坛不久的叶圣陶就多次著文，大声疾呼："小学教育的价值，就在于打定小学生一辈子有真实明确的人生观的根基。""学校教育的目的就在于使学生养成正确的人生观，因而不能不注意教育与人生的关系。"后来又多次提到教育要培养学生的"公民意识"，要让学生成长为民主社会的自由人，"如果我当中学教师，决不将我的行业叫做'教书'，……却要使学生能做人，能做事，成为合格的公民"[《叶圣陶教育文集（第2卷）》]。正是这一着眼于人、人生和人的发展的思想，使叶圣陶教育思想根本区别于传统教育观念，从而获得了鲜明的现代意义和价值，跃上了 20 世纪时代的思想潮头。从这一总纲出发，叶圣陶在知识与生活、学科教学与教育目标、教学过程与教学方法、教师师表风范、现代语文课程建设等一系列领域，提出了诸多重要的思想观点，其要旨可概括为如下六点：

（一）"教育就是要养成良好习惯"的素质教育观

叶圣陶多次反复强调"教育就是要养成良好习惯"。他早在写于 1919 年的《小学教育的改造》中谈及兴趣培养时就说过："今后的教育要着力于扩充儿童兴趣所及的范围，并使他们养成终身的习惯。"在《改善生活方式》一文中，叶圣陶指出："原来'教育'这个词儿，如果解释得繁复，几本书未必说得完；简单的解释，一句话就可以说尽，就是'养成好习惯'。"直到晚年，叶圣陶仍然强调："教育是什么？往简单方面说，只须一句话，就是要养成良好的习惯。德育方面，要养成待人接物和对待工作的良好习惯；智育方面，要养成寻求知识和熟习技能的良好习惯；体育方面，要养成保护健康和促进健康的良好习惯。"［《叶圣陶教育文集（第 2 卷）》］受教育的意义和目的是做人，做社会的够格的成员，做国家的够格的公民。实现这一目的，就要养成永久的良好习惯，终身以之，永远实践，这才对于做人真有用处。所谓良好的习惯，是指体现优良传统与时代精神和个体发展需要的相对稳定的行为方式。养成良好习惯，就是要通过引导学生自觉地持之以恒地学习和实践，使学生将这些蕴含人类文化精华和内在价值的行为方式化为自己的自觉行动，终身以之，永远实践，助益人生。这一育人路径是其"为诚"思想的具体体现，也正是教育之根本宗旨所在。

（二）"教是为了达到不需要教"的教学哲学观

早在 1940 年代，叶圣陶就高度关注学生的主动学习问题。在《改变教育》一文中，叶圣陶指出："受教育的头上戴着这个'受'字，似乎处于被动地位，对于改变教育恐怕做不得主，用不上力吧。"他强调"受教育者不是像张开了一个空袋子，等人家把东西倒进来，装满它。受教育者含有个重要的意义，就是学习。……改变教育，本来要在受教育的学习方面改变过来之后，才算收效。"1960年代，叶圣陶明确概括出"凡为教，目的在达到不需要教"的著名论点。1977年，叶圣陶在为《中学语文》的题辞中又清晰完整地概括说："我想，教任何功课，最终目的都在于达到不需要教。假如学生进入这样一种境界，能够自己去探索，自己去辨析，自己去历练，从而获得正确的知识和熟练的能力，岂不是就不需要教了吗？而学生所以要学要练，就为要进入这样的境界。给指点，给讲说，却随时准备少指点，少讲说，最后做到不指点，不讲说。这好比牵着孩子的手教他学走路，却随时准备放手。我想，在这上头，教者可以下好多功夫。"

叶圣陶"教是为了达到不需要教"的论断，把尊重和激发学生主体自主发展作为教育教学的出发点和立足点，深刻反映了现代社会和人的发展对教育教学的要求，揭示了教师教学与学生自学、知识教学与主体发展、课程教学与课外学习、学校教学与终身学习之间对立统一、相互转化的辩证关系，阐明了现代教学的本质、目的和规律，是对现代教育过程及其本质作出的科学而又通俗的精辟概括。

(三)"受教育的人的确跟种子一样"的学生主体观

在《枯坐听讲》《不应当受这样的教育》等文章中，叶圣陶一针见血地批评过教师一味讲、学生一味听的僵化教学方式："要受用必须自己用心思，自己花力气，不是听老师讲讲就做得到的。书本是经验的宝库，但读熟几本书，也只是记诵之学，要真个消化了才能受用。"1957年，叶圣陶发表《瓶子观点》，批评那种把学生当作"瓶子"、当作"容器"、当作一无所知的"木头"的庸俗教学观，而主张把学生看作"生活体"，是具有生机的"种子"，是一个个有思想能创造的血肉丰满之躯。教育者的工作只是为他们的成长提供适当的条件。1983年，叶圣陶在《吕叔湘先生说的比喻》中进一步指出："受教育的人的确跟种子一样，全都是有生命的，能自己发育自己成长的；给他们充分的合适的条件，他们就能成为有用之才。所谓办教育，最主要的就是给受教育者提供充分的合适条件。"

叶圣陶反对教师讲、学生听的"填鸭式""满堂灌"等教学方法，反对那种以教师为中心的"满堂问"的教学方法，认为这些方法"像牧人拿着长竿赶羊群似的，务必驱使学生走上老师自己预期的路线，说出老师自己预期的答案来"。主张教育过程必须由教师本位转变为学生本位，由传授现成知识、道理转变为引导学生自己学习，必须"把倚赖性的'受教育'转变为主动性的'自我教育'"。叶圣陶关于学生如同种子的思想，深刻表现出尊重学生主体的现代教育理念。

(四)"德育总跟智育、体育结合在一起"的全面发展观

叶圣陶认为，受教育的每一个学生都是一个不可分割的生命整体，他们现在和将来做人做事都是综合而不可分的，这就决定了"全面发展的教育的五个组成部分是不可分割的，相辅相成的"，决不能"只顾一两个组成部分忽略其他组成部分"。

早在1944年，叶圣陶就提出："学校里的课程各各分立，这是不得已的办法，不分立就无从指导，无从学习。……教育的最后目标却在种种境界的综合，就是说，使各各分立的课程所发生的影响纠结在一块儿，构成个有机体似的境界，让学生的身心都沉浸在其中。"[《叶圣陶教育文集（第2卷）》] 正是基于这样的认识，叶圣陶对种种片面追求升学率，把德、智、体、美割裂开来的错误做法，总是毫不留情地予以批评。1980年4月，叶圣陶在《"非重点"》一文中，表达了对重点中学的担忧；1981年，叶圣陶有感于《中国青年》关于学生负担过重的调查，写下了《我呼吁》一文，疾呼"升学率大小不是教育办得好不好的唯一标准"。这一呼吁在社会上产生了广泛影响，不久，第五届全国人民代表大会第四次会议通过的《政府工作报告》对该文作出高度评价。

叶圣陶"德育总跟智育、体育结合在一起"的全面发展观，和他"教育为人生"的思想一脉相承，都以培养现代公民为教育的最终价值和目的。

(五)"教育工作者的全部工作就是为人师表"的师表风范观

叶圣陶一直高度关注教师师表风范。1920年代就发表《教师问题》《教

师的修养》等文章，1940年代又发表《如果我当教师》《如果教育工作者发表<精神独立宣言>》等重要文章，他认为不管是当小学、中学还是大学教师，都绝不将这一行业叫作"教书"，而是"帮助学生得到做人做事的经验"。1984年他明确提出："教育工作者的全部工作就是为人师表。"他认为：第一，中小学教师"言传"和"身教"是统一的、密不可分的，也就是说，教育者的一言一行都要足以为受教育者的楷模，必须"以身作则"。第二，教育工作者要适应时代发展要求，不断学习新知识，加强品德修养，以身作则，用自己的好榜样去训练、熏陶受教育者，真正做到"为人师表"。第三，从人类文明进步的角度来看，"生有涯，而知无涯"，世界上没有全知全能的人，因此教育工作者要坚守"知之为知之，不知为不知"的道德准则，不断探索新知，努力使自己成为终身学习的楷模，这也是教育工作者为人师表极其重要的一项内容。

叶圣陶的师表风范思想，既继承了中国传统文化中师德规范的精华，同时又把现代教育语境中教师的师表风范作用提到了崭新高度。

（六）"国文是生活工具，也是发展儿童心灵的学科"的语文教学观

1905年，清政府废除科举制度，全国陆续开办新学堂。当时的课程乃至教材，都从西方引进，只有语文一科，教授内容仍是文言文，称为"国文"。五四运动后，提倡白话文，反对文言文，国文课受到冲击，小学将国文改称为国语，侧重学习白话文，中学仍称国文，以学习文言文为重点。1930年代后期，叶圣陶、夏丏尊二人提出"语文"的概念，并尝试编写新的语文教材，后因日本侵略中国而被迫中止。1949年6月，当时的华北人民政府教育部教科书编审委员会着手研究通用教材，叶圣陶再次提出将"国语"和"国文"合二为一，改称"语文"。这一建议被教育机关采纳，随后推向全国，从此，"语文"成为中小学母语课程的通用名称。关于"国语""国文"和"语文"内在规定性的差异，以及对语文教育之质的潜在影响，功过是非，尚是一个有待进一步探讨的重大问题。但有一点是明确的，即"语文"一词之首创，非叶圣陶、夏丏尊莫属。

关于语文学科的性质，叶圣陶一直坚持两点：第一，语文是生活之工具。语文学科有其独当之任，那就是培养学生的阅读和写作能力，从而为学生的生活乃至人生打牢基础。第二，语文也是发展儿童心灵的学科。语文学科要重视文学教育，要为儿童心灵发展奠定基础。在阅读上，要通过阅读走进作者心灵；在写作上，坚持"修辞立其诚"，学写作也是学做人。近年来，由于语文教育环境与形势的变化，更由于人们对叶氏语文观的误读，围绕叶圣陶语文教育观产生了种种非议和责难。因此，本书坚持把叶氏语文观置放在叶圣陶教育思想的视阈之下，从"教育为人生"的教育哲学高度去重新认识其语文教育观。

应该强调指出的是，以上诸观点绝不是支离破碎寻章摘句的只言片语，而是叶圣陶在实践基础上长期思考、孕育和积淀的结晶，也如珍珠般反复不断地闪烁于叶圣陶浩瀚的教育文字之中，而且始终贯穿着"教育为人生"这一条思想红线。诚然，叶圣陶无意构建自己的理论体系，但是，这六个厚重的观点，折射出他丰富、广阔和深刻的教育智慧，犹如六根坚实的柱石，支撑起一座素朴谨严而不失恢宏的教育思想大厦。叶圣陶的名字，也因此而毫无愧色地跻身于中外著名教育家的行列。

三

接下来，说一说和叶圣陶教育思想相关的两个重要问题。

（一）叶圣陶教育思想形成的渊源

追溯任何一位教育家的思想渊源，总有一方赖以孕育、发生、成长的深厚土壤。那么，叶圣陶呢？不同于那个时代大都有留学经历的教育家，因为家境贫寒，叶圣陶只读完了五年中学就走上教坛。然而，叶圣陶所就读的苏州公立第一中学堂，乃苏州第一所实施西方现代教育体制的新式学校，是清末颁"新政"、兴新学的产物。该校创办于 1907 年，校长、教员大多从国外（主要是日本）留学归来。开设的课程中，正课有国文、英文、算学（数学）、博物、经学、修身、历史、地理、化学、体操、唱歌、图画等。除必修的正课外，还开设了球类、国术、军乐、金石、丝竹、音韵学、度曲、尺牍、剥制（制作标本）、照相、日语、法语等供选修的"副课"。实为得时代风气之先。叶圣陶是首届学生，五年新式教育的濡染熏陶，不仅使叶圣陶在毕业前夕萌生了以教育改造社会的职业理想，而且也充分接受了西方教育的深刻影响。叶圣陶走上教学岗位之初，在言子庙小学仅两年半即被借故解聘，实质上可解读为新旧教育文化冲突所致。

位于甪直的吴县县立第五高等小学是叶圣陶教育思想萌生的丰厚土壤。譬如晓庄师范之于陶行知，帕夫雷什中学之于苏霍姆林斯基，吴县县立第五高等小学可以说是叶圣陶的"晓庄"和"帕夫雷什"，虽然，叶圣陶在此只有五年。叶圣陶与吴宾若、王伯祥等志趣相投的同事一起，意气风发地开始了轰轰烈烈的教育改革运动，"做了中国教育史上从没有过的事"。他们反对强行灌输的封建教育，主张学校提供条件，让学生自由发展，寓教于乐，培养学生多种兴趣。他们自编教科书，在国文教材中将白话文、新文学作品和乡土教材引入课堂，开语文教育的一代新风。他们创办实验室，开辟"生生农场"，主张教育要与实践相结合。他们还开设诗文书画专栏，建立音乐室和篆刻室，自编剧本，自导自演。在江南水乡甪直古镇，一群年轻人上演了一出有声有色的"为人生而教育"的教育改革活剧。虽然教育实验算不上成功，但叶圣陶由此真正开启了教育实践和思考的漫长征程。

梳理叶圣陶教育思想的渊源流变，还有一个不能不论及但又没有把握说清楚的问题，那就是叶圣陶教育思想和语文教育观之间的关系。在很多人的印象中，叶圣陶教育思想不过是其语文教育观的凝练和提升，人们更愿意津津乐道的是叶圣陶的语文教育思想；或者毋宁说，人们更愿意承认叶圣陶是一位杰出的语文教育家，而对其能否尊享教育家的桂冠则是颇为悭吝。这固然与一直以来人们对教育家称号要求比较苛求有关，也与叶圣陶在语文教育包括教材编写方面成就巨大有关，但从根本上说，还是源自对叶圣陶教育思想形成背景、来源和过程了解不够有关。我认为，丰富的语文教育实践（包括编写教材），无疑为叶圣陶教育思想的形成提供了坚实的学科基础，相比那些缺少深刻教学体验的教育家，叶圣陶由学科教学走向教育思考，是一种莫大的实践优势。譬如，"教是为了达到不需要教"的著名思想，如果没有切实的学科教学体验为基础，确实很难提炼出如此精辟通透的教育智慧。

但是，必须强调的是，和人们一般印象中不同，语文教育并非叶圣陶教育思想的直接基地。换言之，叶圣陶教育思想并非仅仅来自对其语文学科经验的提炼，时代风云和改革潮流的烙印更加深刻而鲜明。叶圣陶就读中学期间，正值辛亥革命前后，西学东渐，蔚然成风；在用直任教期间，又恰逢五四运动，虽处僻壤，但通过在北大就读的好友，他主动汲取新文化思想，期间还直接聆听了杜威在苏州的演讲。叶圣陶积极投身时代激流，高举"教育救国"旗帜，抱持以改造社会之宏大理想投入教育改革，锋芒直指旧式教育。许多教育理念形成于先，也必然辐射到语文教育观念之中，譬如，倡导白话文教学、反对"瓶子观点"（灌输）、关注儿童心灵发展等等。所以，叶圣陶语文教育观和教育思想之间，存有一种紧密而深刻的相互影响、相互激荡、彼此生发、彼此成就的互动关系。而这种源自某一具体学科的深刻体验和整体教育哲学之间的良性互动，对于保证其教育思想的务实、理性和深刻，作用是显而易见的；同时，也不是每一位教育家都具备的。明乎此，似可推出下述结论：因为有了母语教育体验的坚实支撑，叶圣陶教育思想的实践性、民族性底色显得格外浓重；因为有了现代教育理念的统摄引领，叶圣陶语文教育思想也始终走在了时代的前列。故而，实践性、民族性、现代性成为叶圣陶教育思想包括其语文教育思想的共同特色和气质。

（二）关于叶圣陶教育思想的命名及其演变

叶圣陶教育生涯发轫于民国肇造；其教育思想萌生于五四新文化浪潮，形成于三四十年代。1949 年以后的演变情况比较复杂。一方面，部分思想在五六十年代发展深化，在思想解放的 80 年代臻于成熟，譬如为人们所熟知的"教育就是要养成良好习惯""教是为了达到不需要教"等重要思想；另一方面，也有部分思想因时代和政治的制约，黯然销声，隐而不彰，譬如早年曾反复申述的"教育要为社会培养合格公民""教育要为人生奠基"等更为重要的思想。前者侧重揭示教育内部发展规律，在教育思想史上写下重要一页；后者则涉及教育本质和方向，早期萌生的宝贵思想尚缺少更为系统的凝练和升华，这不能不说是一个遗憾，尽管这个遗憾不属于个人。前半个世纪，叶圣陶可谓始终走在时代前列，不懈地对中国传统教育思想与外国教育思潮进行借鉴反思和继承革新，体现出锐意进取的时代精神和创造活力；后半个世纪，叶圣陶以其巨大的人格魅力和人生智慧，政治上积极投身社会活动，学术上有选择，讲策略，自觉不自觉地受到大环境影响（此种影响绝非叶圣陶仅有，几乎是那一代人的一种普遍现象），但还是在时代允许的空间内力所能及地发展了一以贯之的教育思考，最终形成了自己的教育思想体系。这在同时代人中可以说非常难得。叶圣陶教育思想，是在 20 世纪我国社会变迁和教育发展历程中形成的具有中国特色的现代教育思想，时代的印记鲜明而深刻。

关于这一点，如果从更广阔的视野来看，呈现在叶圣陶身上的这种现象，其实在思想史上也并非特例。哲学家李泽厚在《华夏美学·美学四讲》中就曾经说过："我常常感觉，某些伟大的思想家早期在建立自己整体世界观中，具有多方面的丰富思想。但在他以后的一生中，多半是自觉或不自觉地依据时代的需要，充分发展了他的世界观或思想中的某些方面而并非全部。"李泽厚还列举康有为、马克思等杰出思想家为例来说明这一点。因此，我们考察叶圣陶教育思想，不仅要看他晚年着力强调的观点，甚至也包括他自己概括的教育思想，而且还要放眼全局，纵观一生，运用联系的、发展的、历史的观点来为其命名和定位，如此才符合历史人物的思想实际。正是基于此种考虑，我把"为人生"作为叶圣陶教育思想的总纲，而把"习惯养成""教为不教""学生主体"等思想作为支撑叶圣陶教育思想大厦的支柱，它们之间其实是"纲"和"目"的关系。因为"教育为人生"正是叶圣陶贯穿一生尤其是早期教育思想的主要思想脉络，而且晚年着意强调的"教为不教"等思想也仍然被统摄在这一思想总纲之下。

（三）关于叶圣陶教育思想的历史方位

近年来，社会上对叶圣陶教育思想出现两种截然相反的观点。一方面，叶圣陶教育思想因其深刻的现代性被有些人认为是超越现实，难以企及的理想和浪漫；另一方面，随着近些年大量西方教育思潮和教育理念接踵涌入，叶圣陶教育思想却又因其深厚的传统色调和鲜明的民族特质，被有些人认为是明日黄花，似乎成为陈旧、保守的代名词。不仅是叶圣陶，对于传统教育思想，人们在教育改革进程中都会有意无意地轻慢、淡忘甚或遗弃。

如前所论，叶圣陶教育思想是在中国社会由传统向现代急剧转型时期教育变革的产物。自 1840 年锁闭的国门被西方列强用坚船利炮打开之后，中国就进入了如史学家所说的"惊涛骇浪的历史三峡"（唐德刚语）。亡国灭种的危机，使得那一代教育家的思考和实践，无不和救亡图存的社会改革理想联系在一起。叶圣陶也是这样。从踏上教育舞台之初，叶圣陶就主动自觉地应和着现代文化运动、社会改革思潮的节拍和旋律。正是这种强烈的社会责任，使叶圣陶在长期的教育思考和实践中，不断冲破封建教育的思想罗网，积极汲取西方先进教育思想的精华，艰辛探索一条适应社会需要的现代公民培养之路。叶圣陶教育思想是对封建传统教育思想的叛逆，划清了封建传统教育和现代公民教育的界限，具有鲜明的科学民主意识，也因此获得了鲜明的时代特征和现代品质。

叶圣陶教育思想的这种现代属性，是我们理解叶圣陶以及那一辈教育家教育思想的总钥匙，叶圣陶关于教育的种种思考，都可以通过这把总钥匙得以入其堂奥。中国社会现代化转型是一个漫长的历史过程。在这艰难曲折的转型过程中，我们已经并且还会继续遇到叶圣陶当年奋力抵抗的种种问题，如陈腐落后的"臣民意识""利禄主义""知识本位""瓶子观点"等等。正因如此，叶圣陶及叶圣陶们的教育思想价值非但不会过时，有时候他们思想的高贵雍容还会和教育现实的寒伧鄙陋构成一种紧张和对峙的关系，以至有时候我们不清楚到底是先贤们走得太远太过浪漫，还是我们的教育太过现实、太过功利或者干脆就是在原地踏步甚或退步。

事实上，这种现象并非教育所独有，几乎是社会转型期的一种文化通病。一方面，传统文化中确有沉重的历史糟粕需要清理和剔除，不打破传统，就无法迈出走向现代化的步伐；而另一方面，文化传统中又积淀着民族文化的精华，保留着民族的文化胎记，现代化必须从这片丰饶土地上出发而不可能在一片废墟上起步。这也正是社会转型的艰难和复杂之处，是现代化历史进程中需要高度警惕和回避的"陷阱"。我们能够彻底摈弃文化传统，丢失民族精神胎记而来一个"华丽转身"吗？显然，不需要也不可能。如同社会转型离不开对传统文化的继承创新一样，在教育现代化进程中，我们在大力学习借鉴国外先进教育理念的同时，必须认真学习和借鉴丰富而优秀的民族教育传统。我们应该具有高度的文化自信和文化自觉，既敞开胸怀学习国外一切先进的教育思想和理念，又牢牢守住民族教育之根，汲取传统教育思想精华，成功实现传统教育的现代转型。叶圣陶和20世纪中国社会现代化转型过程中出现的那一代教育名家，如蔡元培、黄炎培、晏阳初、陈鹤琴、陶行知等人一样，他们身上既集中体现了中国传统教育思想精粹，同时又具有鲜明的现代意识和现代精神。或者毋宁说，他们教育思想的形成过程，就是中国社会转型和教育现代化历史进程的个性化缩影；他们无一不是西方现代教育思想和中国传统教育智慧相结合，植根于中国教育土壤中的产物，相互映衬，相映生辉，共同谱写出现代化交响曲中属于教育的辉煌乐章。这是一笔丰厚的思想遗产和理论财富。

当代中国仍处于从传统向现代的深刻转型之中。社会转型必然呼唤教育转型，教育转型必然面临种种挑战。我们从哪里来？要到哪里去？教育现代化应该在怎样的历史方位上起航，又驶向怎样的彼岸？这些都是十分敏感而且不容回避、迫切需要回答的问题。在这艰难痛苦而又执着前行的伟大历史进程中，叶圣陶、陶行知等那一代教育家的巨大价值和重大意义，已经并且必将越来越清晰地为人们所认识和理解。

第一讲　教育就是要养成良好的习惯
——叶圣陶"习惯养成"思想研究

作者简介

朱永新，中国民主促进会中央委员会副主席，第十二届全国政协副秘书长、常务委员会委员。叶圣陶研究会副会长，中国教育政策研究院副院长，苏州大学教授、博士生导师。新教育实验发起人、中国教育30人论坛共同发起人。

他曾多次主持联合国教科文组织委托研究项目、国家自然科学、社会科学等基金项目并多次获奖；在美国、英国、日本和国内发表教育论文400余篇；16卷本《朱永新教育作品》等专著被译为英、日、韩、法、蒙、俄、阿拉伯、哈萨克等语种，是当代教育家的个人教育理论著作输往海外第一人。

大家好！非常高兴有机会到叶圣陶 100 年前从教的地方——甪直，跟大家来分享叶圣陶先生关于习惯养成教育的一些思想。

　　无数人感叹天赋的差异之大，其实教育造成的差异远远超出先天的禀赋。无数人强调知识改变命运，却常常忽视比知识技能更为根本、更为隐形、更能决定命运的一种关键力量——习惯。1997 年 7 月，美国《心理学家》杂志曾经发表过一位心理学家的文章，研究人员对 70 名大学生做过一个实验，发现他们三分之一或者一半以上的时间，做的全是习惯性行为，而且这一数据还是被低估的，因为他们的实验对象是大学生，大学生很多习惯没有养成。对成年人来说，习惯就像心灵深处的一个发动机。所以习惯对人一生来说很关键，叶圣陶先生关于习惯养成的思想，可以说是他核心的教育思想之一，他多次反复强调"教育就是要养成良好的习惯"。

一

　　我们先来看一些叶老关于习惯养成的代表性观点。比如，叶老说："教育是什么？往简单方面说，只须一句话，就是要养成良好的习惯。德育方面，要养成待人接物和对待工作的良好习惯；智育方面，要养成寻求知识和熟习技能的良好习惯；体育方面，要养成保护健康和促进健康的良好习惯。咱们社会主义社会的教育，就是要使学生养成在社会主义社会里生活的一切良好习惯。"这是叶老关于习惯养成的经典名言。你养成了这些习惯，那么教育就成功了。

再譬如，叶老还说："我想'教育'这个词儿，往精深的方面说，一些专家可以写成巨大的著作，可是就粗浅方面说，'养成好习惯'一句话也就说明了它的含义。无论怎样好的行为，如果只表演一两回，而不能终身以之，那是扮戏；无论怎样有价值的知识，如果只挂在口头说说，而不能彻底消化，举一反三，那是语言的游戏；都必须化为习惯，才可以一辈子受用。"[《叶圣陶教育文集（第2卷）》]

叶老认为，所有的能力到最后都要成为一个动力定型的东西，成为习惯才能真正算是能力，如果还没有到习惯成自然的地步，那说明能力还没有真正形成。所以习惯和能力养成有时候关系密切。他说："无论哪一种能力，要达到了习惯成自然的地步，才算我们有了那种能力。不达到习惯成自然的地步，勉勉强强的做一做，那就算不得我们有了那种能力。""习惯养成得越多，那个人的能力越强。我们做人做事，需要种种的能力，所以最要紧的是养成种种的习惯。""看书读书写东西都是要干一辈子的事儿，养成了好习惯，不仅是个人的益处，对于社会生活和各项工作也大有益处。"这是叶老关于习惯重要性的论述。

好习惯也是分层次的。大学生有大学生的好习惯。叶老在《高等教育所要养成的好习惯》里讲过，从个体层面来说，对一个人的身心发展有好处的习惯就是好习惯。从人群关系来说，对社会有好处的，有益于他人的习惯就是好习惯。所以"普通教育的目标是养成一般人当公民的好习惯，高等教育的目标是养成一些人做专门人才的好习惯"。因为"专门人才负着一种责任，要推进文化的步子，增加文化的总和"。所以接受高等教育的人应该具有学习的精神。"怎样的习惯才算好？能使才性充量发展的是好习惯，能把事情做得妥善的是好习惯，能使公众得到福利的是好习惯，大概也不过如此而已。所谓'自我教育'，就是不去依傍他人的力量，自己来养成这些好习惯。"

什么是中学生的好习惯？叶老在《答江亦多》中说："我想教师工作的最终目的，无非是培养学生具有各种良好的社会习惯。诸如热爱国家、关心他人的习惯，礼貌诚笃的习惯，虚心自强的习惯，阅读书写的习惯，勤劳操作的习惯，求实研索的习惯等等。"对于中学生，叶老认为有两种习惯最重要：一是自己学习的习惯，一是随时阅读的习惯。他把自主学习、自主阅读的习惯看作是中学生最重要的两个习惯。"无论什么事物，必得待教师讲授过了才去关心，教师没有讲授过的，即使摆在眼前也给它个不理睬，这种纯粹被动的学习态度是万万要不得的。"

关于如何养成好习惯？叶老说："习惯不是一会儿就会有的，也得逐渐养成。在没有养成的时候，多少要用一些强制功夫，自己随时警觉，坐硬是要端正，站硬是要挺直……直到'习惯成自然'，不待强制与警觉，也能行所无事的做去，这就养成了终身受用的习惯了。"这句话的意思是，习惯养成是一个过程，需要逐渐养成。而且在一开始养成习惯的时候要有一点强制，也就是一开始要用点心思，受些磨炼，随时警觉。比如养成一个良好的坐姿，养成一个良好的站相，这是中国古代特别强调的，但是最终习惯养成后就不需要注意了。

叶老认为习惯养成要从小事做起。他说："养成小朋友的好习惯，我将从最细微最切近的事物入手；但硬是要养成，决不马虎了事。譬如门窗的开关，我要教他们轻轻的，'砰'的一声固然要不得，足以扰动人家心思的'咿呀'声也不宜发出；直到他们随时随地开关门窗总是轻轻的，才认为一种好习惯养成了。"习惯其实在细微之处，包括怎么开关门窗，开关门窗时不要重重的。

也有一些习惯是不需要养成的。叶老说："一种是不养成什么习惯的习惯，又一种是妨害他人的习惯。"什么叫不养成什么习惯的习惯？就是这个人没什么习惯。没有什么习惯，说明这个人没有养成一种真正有益于自己、有益于社会的良好的习惯。一种是妨害他人的，也就是影响别人的坏习惯。那么，什么叫不养成习惯的习惯？他说："如果在先没有强制与警觉，今天东，明天西，今天这样，明天那样，那就什么习惯也养不成。而这今天东，明天西，今天这样，明天那样，倒反成为一种习惯，牢牢的在身上生根了。这种习惯就是'不养成什么习惯的习惯'，最要不得。为什么最要不得呢？

只消一句话回答：这种习惯是与其他种种习惯冲突的，养成了这种习惯，其他种种习惯就很少有养成的希望了。"［以上均引自《叶圣陶教育文集（第2卷）》］也就是说，一个人如果没有养成习惯的习惯，那么他的好习惯也没有了，能够帮助他提高工作效率，能够帮助别人、对社会有益的好习惯也无法养成了。所以，一个人总得养成一些良好的习惯。

还有一些读书学习的具体习惯。他认为语文教师要帮助学生养成认真看书读书的好习惯，而不是马马虎虎、粗枝大叶。他说："写东西也一样，不论写个纸条，写封信，写一篇墙报的文章，都要正确、老实、实事求是，不瞎说，不乱说，不糊里糊涂地说。看书读书写东西都是要干一辈子的事儿，养成了好习惯，不仅是个人的益处，对于社会生活和各项工作也大有益处。假如不养成好习惯，那就反过来，对个人、社会、工作总有或大或小的害处。"［《叶圣陶教育文集（第3卷）》］。比如拿到一本书，他说："先看序文或作者、编者的前言，知道全书的梗概，是好习惯。"一本书拿过来不马上就从头开始往后看，还得先了解全书的概貌，"把全书估计一下，预定分若干日看完，而且果真能按期看完，是好习惯。有不了解处，不怕查工具书，不怕请教老师或朋友，是好习惯"。同时"随手写简要的笔记，是好习惯"。叶老对习惯养成的意义，好习惯包括哪些内容，如何养成习惯，都有精辟的论述，也正是因为对叶老这些论述的学习，新教育实验才获得了很多的启示。

二

习惯，就像人类心灵深处的发动机，一旦开始运转，就会悄悄操控着人生。习惯是后天形成却又集中而准确地体现着人的天性，不知不觉中塑造着人的个性，所以"习惯养成第二天性"。习惯既可以被我们改写，又能改写我们的人生。通过改变习惯，我们能够重塑人的第二天性，从而变换角度展现人的天性，并因此形成稳定的价值观，塑造良好人格，创造幸福完整的人生。正因为习惯对我们的生活和生命有着如此深刻的影响，习惯养成也自然成为教育的重要课题。

（一）习惯的界说

"习惯"一词，起初是分而言之的。"习"字在甲骨文和小篆中从羽从日，有日日不间断，振羽以飞的意思。"惯"字最初为"贯"，是古代串钱串贝所用的绳索，有循序不间断之意。"习惯"连用最早见于《大戴礼记·保傅》："少成若性，习贯之为常。"意指儿童时期养成的习惯就像人的天性一样，习以为常难以改变。《汉语大词典》也延续了这一解释，将习惯定义为长时期逐渐养成的、一时不容易改变的行为、倾向或社会风尚。

在英文中，与"习惯"一词对应的单词有 habit、custom、convention、institution 等，虽然它们所包含的深层意义各不相同，但共同之处都是指长时间重复而养成的固定化状态。我国经济学学者韦森依照《牛津英语词典》的界定，把英语以及均质欧洲语中的"institutions"理解为个人的习惯（habit）—群体的习俗（custom）—习俗中硬化出来的惯例规则（convention）—制度（formal rules、regulations、law、charters、constitution 等等）的动态逻辑发展过程。这一解读，也从一个侧面呈现了习惯从个人到群体、从隐性到显性的演变过程。

不同的学科对于习惯有不同的解释和研究重点。社会学对"习惯"的解释，是指人们在长期实践活动中养成的一种稳定的行为倾向和社会态度，且往往不自觉、下意识地表现出来。人类学对"习惯"的研究通常从"习俗"或"风俗"（custom），即"风尚礼俗"的意义上考量，他们眼中的习惯，更多指的是"社会习惯"，即习俗或者风俗。心理学对"习惯"的解释，是指经过多次重复练习而产生的固定化心理需要，且这种固定化心理需要与本能、经验和性格等同类术语存在着显著的差别。

首先，习惯和本能不同。本能是先天遗传所具有的一种条件反射活动，不需要经过意志努力；而习惯是后天习得的一种特殊条件反射活动，大部分习惯是后天经过意志努力形成的。

其次，习惯和经验不同。在经验中，意识随时会参与，发挥调节的作用；而习惯完全是一种下意识的活动，表现形式上往往是一种理性意识暂时缺失的活动。

再次，习惯和性格不同。性格是一个人多种习惯表现的综合。通过一个人的性格可以大致判断其习惯，但通过某一个习惯却不能断定其性格。

最后，习惯和熟练技能也不同。熟练技能是根据活动的需要而发生或停止的，人们可以利用它，也可以不利用它；而习惯却是在不由自主中去完成的自动化活动，在一定条件刺激下，不完成往往就会感到不安。熟练技能是在有意识的练习中，在自觉地改进某些动作的基础上形成的；而习惯除了通过有意识的训练，还会在无意中因为简单重复同一行为而形成。熟练技能本身没有好坏之分，而习惯却有明显的优劣之别。

从神经科学的角度来看，习惯就是在大脑突触之间建立联系，通过不断的反复后导致髓鞘质增加的过程。而作为教育学讨论的习惯，则是指在主客体的共同作用下，有效地养成好习惯或者改正坏习惯的过程。教育学视野的习惯，以个体生命意义的角度为主，关注的重点也是个人的习惯。但是，众多个体的习惯改变势必影响到群体的习俗变革，所以群体的习俗也是教育学应留意的问题。

我们认为，习惯是一个人在后天影响下逐渐形成的一种自动化、下意识性的思维方式、行为倾向和价值选择。也就是说，习惯是包括家庭教育、学校教育、社会教育、自我教育在内的一种教育效果的综合体现。对儿童而言，习惯更多来自家庭教育、学校教育、社会教育等外部因素的影响，但是，哪怕对儿童而言，所有习惯必然通过内心辨别认定其价值意义，才可能长期保持甚至终身保持。因此帮助儿童早日通过自我教育明晰习惯的价值，习惯养成将会更早、更稳固。对成人而言，更是如此。习惯不仅是成人在社会教育中无意改造自我的力量，更是一种可以通过自我教育而有意识雕塑人生的利器。

（二）习惯的特点

根据以上梳理，我认为习惯具有以下基本特点：

第一是可塑性。婴儿没有习惯，只有本能。无论是有意识培养的习惯，还是无意识形成的习惯，都是后天造就的。第二是稳定性。习惯一旦养成，就会具有相对的稳定性，会在相应的情形下持续。第三是自动性。人们不必出现多少有意识的思考，就能依靠习惯在无意识中自动自发地处理相关事宜。第四是双向性。习惯是一个人内在的综合体现，但习惯和外在环境之间有着鲜明的双向关系。一方面，许多习惯深深扎根于所处的环境，特别是社会教育中；另一方面，主动养成习惯也能够影响甚至改变环境。第五是有序性。习惯是遵循一定规律的有序存在。儿童眼中的世界和成人眼中的生活都是一个整体乃至一片混沌。一个又一个的习惯，在其间开辟出一条又一条简便易行的道路，节约大量精力，使得处理各种事情变得轻松，从而使儿童的世界和成人的生活在不知不觉间变得秩序井然。除此之外，习惯因人而异，有好坏之分，新老之别，因此也具有差异性。

（三）习惯的类型

根据不同的标准和角度，习惯有着不同的分类方法。根据习惯的重要性来分，可以把习惯分为基础性习惯（核心习惯）和一般习惯（非核心习惯）。所谓基础性习惯，是指在人的行为习惯系统中，处于基础性和重要支配地位的一种习惯，如思维习惯、道德习惯等。一般习惯是指在人的行为习惯中，处于从属地位的一种习惯，比如作息习惯、饮食习惯等。基础性习惯对人的成长起着源头性的、根本性的作用，其他习惯都建立在其上，或者说从其中生长、延伸、拓展出来。一般习惯虽然从属于基础性习惯，更多与个人生活方式有关，但是对人的生命质量也具有重要意义。

根据习惯的表现形式，可以把习惯分为外显的行为习惯和内隐的思维习惯、道德习惯等。有些习惯会通过一个人的外部行为表现出来，如早起早睡、吸烟喝酒的习惯等。有些习惯则无法通过外部的行为加以判断，如一个人对生活的态度是积极还是消极，看问题是全面还是片面等。

此外，还可以根据性质把习惯划分为好习惯、坏习惯和中性习惯。好习惯成就好人生，坏习惯消解人的生命意义，中性习惯则不会影响生活和生命的效率与质量。还可以根据习惯形成的顺序将其划分为老习惯和新习惯。老习惯长期伴随，新习惯并不稳固。根据新教育的生命三重属性理论来划分，则大致可以将习惯分为健康习惯、交往习惯和思维习惯，分别对应着新教育的自然生命、社会生命和精神生命。以这三类习惯去拓展自然生命之长、社会生命之宽和精神生命之高，是人格发展的有效途径。

（四）什么是习惯养成？

在习惯教育和习惯养成两个短语中，我们根据叶圣陶教育思想，倾向选择采用习惯养成的表述方式。一方面是因为"养成"一词有两个含义，其中一个就是指教育，因此，作为名词的"习惯养成"本意即指"习惯教育"；另一方面是因为"习惯养成"作为一个词组，还可以理解为名词加动词，也就是以"习惯"为内容、以"养"为手段，以"成"为目的的一种教育活动。从心理学的角度来看，习惯养成的过程，就是某种外界刺激与行为之间建立稳定联系的过程。

美国学者都希格在《习惯的力量》一书中提出，习惯是由暗示、惯性行为和奖赏构成的一个"回路"系统。我们大脑中的这个过程是一个由三步组成的回路：第一步存在着一个暗示，能让大脑进入某种自动行为模式，并决定使用哪种习惯。第二步存在一个惯常行为，可以是身体、思维或情感方面的。第三步则是奖赏，这让你的大脑辨别出是否应该记下这个回路，以备将来使用。慢慢地，这个由暗示、惯常行为、奖赏组成的回路变得越来越自动化。根据都希格的理解，习惯出现时，大脑不再完全参与决策，它要么完全静下来，要么集中做其他的任务。所以除非你可以抵制习惯，找到新的惯常行为，不然习惯模式依旧会自动开启。

要认识习惯养成的本质，我们还可以从发生学的角度看一个人的习惯是如何养成的。人在刚刚出生时，对世界的认知是混沌杂乱的，婴儿把自身和世界视为一个整体，分不清内外部世界的差别，分不清我与物的区别，也难以建立自己与世界的多种联系。在这种认知状态下，人的生命活动亦呈现出无序状态，如婴儿睡眠昼夜颠倒等。这种状态与外部世界的规律和秩序相冲突。为此，帮助儿童逐一建立各种秩序，帮助儿童熟知事物规律是协助儿童成长的关键内容。习惯的养成，无疑是这一工作最重要的途径之一。习惯帮助儿童由内而外地搭建起一座座桥梁，让心灵与外界逐渐发生联系，并且越来越有秩序。在这个习惯养成的过程中，儿童的习惯有时符合要求，我们会通过表扬、奖励等各种方式进行肯定，将其固化。有时不符合要求，我们会通过训斥、惩罚等各种方式及时消解。从这个意义上讲，一个人习惯养成的过程，也是一个人社会化的过程。

从习惯养成的时间来看，一般认为需要 21 天才能养成一个新的习惯。这个说法，来自 1960 年马尔茨博士发现的一个规律。他在《心理控制术》一书中举例说，被截肢者需要 21 天才能接受他们已经失去肢体的事实，面部整容的人需要 21 天才能建立自信等。受他的影响，一大批励志读物，如《21 天打造节俭好习惯》《挑战 21 天：21 天改变一切》等推波助澜，让大众形成了 21 天养成习惯的思维定势。但其后已经有大量心理学的研究表明，事实并非完全如此。比如，伦敦大学的一项研究发现，不同的行为，其习惯养成需要不同的时间。如每天早餐后喝一杯水的行为，只需要 20 天就可以达到最高的自发性；而每天做 50 个仰卧起坐的习惯，则需要 84 天的练习才能形成。最复杂的行为，甚至需要 254 天的时间。平均来说养成习惯需要66 天。

总而言之，习惯养成从实质上看，就是帮助人们建立起一套具有积极意义的、自动运转的系统，从而整理、规划、巩固、提升生活与生命质量，使世界变得清晰，使生活变得有序，使生命变得和谐，让人由混沌走向澄明，让个性由蜷缩变为舒展。

三

前面我们已经讲了习惯养成的重要性，教育就是要培养良好的习惯。下面说一下为什么习惯养成很重要？我们可以从以下几个方面来看。

首先，从个体成长来看，良好的习惯是创造幸福完整生活的保障。其实从某种意义上说，一个人的习惯怎么样，就意味着他的生活方式，乃至生活的状态怎么样。习惯好可事半功倍，习惯不好则事倍功半。具体来说，习惯有什么作用呢？

第一，对个人来说，习惯可以简化活动程序，提高生命效率。英国哲学家休谟曾经说过，习惯是人生伟大的指南。我们生活在一个纷纭复杂的世界中，如果每一件事都要认真思考，每一个大大小小的事件都要选择和判断，那么既没有必要又没有可能。所以习惯作为一种有效的简化活动程序的自动化反应，在很大程度上提高了我们的活动效率。

第二，习惯可以强化个性特征，成为最好的自己。新教育有一句最基本的口号或者宗旨——"过一种幸福完整的教育生活"。幸福好理解，什么叫完整呢？完整就是培养最好的自己。什么是最好的教育？最好的教育是不用统一的大纲，统一的考试，统一的评价，把本来具有无限发展可能的人培养成一样的人，培养成一个单向的人。现在教育最大的问题就是用一个标准去衡量所有的学生，所以我们永远只有一个英雄——考试的英雄，大部分人都成为失败者，都成为陪读者。人在一次又一次的选择中，养成了自己独特的习惯，积淀成独特的品质，造就了独特的个性，从而形成了独特的命运。而习惯会帮助每个人成为最好的自己。

第三，它可以提升生命的质量，推动人的成长。生命不是简单地活着，不是纯粹地生存，良好的健康习惯、生活习惯、道德习惯，都是合乎一个人生命可持续发展的积极条件。所以不良的习惯，轻则可以降低人的生命质量，重则可以阻碍人的成长，严重的甚至会中断一个人生命发展的进程。比如酗酒、吸毒，这些严格意义来说都是习惯，但却是不良的习惯，甚至会中断一个人的生命进程。

其次，从教育史来看，不仅是叶圣陶先生重视习惯，凡是伟大的教育家没有不重视习惯的。孔子曰："性相近，习相远。"中国古代也有所谓的"少成若天性，习惯成自然"的说法。近代的教育家，如康有为、蔡元培、梁漱溟、陈鹤琴、陶行知、叶圣陶等等，都把习惯看得很重要。比如陶行知先生曾经强调，一个人6岁以前是人格陶冶最重要的时期，他说"习惯成了不易改""倾向定了不易移""态度决了不易变"。西方的教育家对习惯的养成也非常重视,比如,亚里士多德曾经说过:"习惯实际上已经成为天性的一个部分。"英国的哲学家洛克说:"一切教育都归结为养成儿童的良好习惯,往往自己的幸福都归于自己的习惯。"

富兰克林曾经把自己一生的成就归结为他从 20 岁就开始养成的 13 个习惯——节制、沉默、秩序、决断、简朴、勤劳、诚恳、正直、中庸、清洁、宁静、贞节和谦逊。美国心理学家詹姆斯有一个很著名的行为习惯公式:播下一个行动,收获一种习惯;播下一种习惯,收获一种性格;播下一种性格,收获一种命运。也就是说,从行动到习惯,从习惯到性格,从性格到命运,是一个习惯的链条。

俄国教育家乌申斯基关于习惯也有非常形象的比喻,他说:好习惯是我们神经系统里面存放的资本,这个资本不断地在增值,从而让一个人在一生中享受它的利息。好习惯是资本,让你不断地得到它的利息。坏习惯是债务,是道德上无法偿还的债务,这种债务能以不断增长的利息去折磨人,去麻痹他最好的创举,使他达到道德破产的地步。

再次,从教育目标来看,注重习惯的养成是夯实核心素养的必然选择。核心素养现在已经成为一个时髦、热门的词汇了。从已经公布的核心素养的情况来看,现在把核心素养分为九大素养:社会责任、国家认同、国际理解;人文底蕴、科学精神、审美情趣;身心健康、学会学习、实践创新。如果将这两者作对比,你会发现核心素养里绝大部分的内容,在行为习惯里有着高度的契合。核心素养强调个人修养、社会关爱、家国情怀,注重自我发展、合作参与、参与实践,在"每月一事"的习纲和专题中都得到了非常好的体现。所以我们可以说,以"每月一事"为代表的行为习惯养成项目,为核心素养的落实提供了一条行动路径。

最后,从教育改革来看,注重习惯养成是全球教育改革的主要趋向。从 20 世纪 80 年代开始,对素养能力的重视开始成为一个潮流。根本原因是,在信息革命摧枯拉朽的攻势下,过去以传授知识技能为主要目标的教育已经变得束手无策,把原来的教育目标调整为学会学习,加强素养的新目标，其实是当下教育对信息时代教育的一种应对。很有意思的是，其实我们不用那么复杂，因为习惯从孔老夫子就开始提了，我们只是不断地用一些新的词汇去替代它，包括素质、核心素养等。我们注意到一个非常有趣的现象，教育家往往喜欢追逐时髦，但是管理学家却习惯讲究实用。所以我开玩笑说，从20世纪末开始，习惯教育的概念被管理学家"接管"，更强调传播、务实和行动的管理学家，开始用人们熟悉的词汇，迅速地影响和改变着社会。

接下来，我们重点说一下怎样有效地养成好习惯，也就是如何把叶圣陶先生关于习惯养成的教育在学校落地？

首先我们来看习惯养成的六条原则。

第一，价值澄清原则。价值澄清理论是西方教育心理学的一个流派，由纽约大学教授路易斯·拉斯提出。价值澄清理论认为习惯养成的过程，是通过思考对习惯的认知进行内化的过程，也是外在的引导转化成自我教育的过程，是建构价值体系和行为方式的第一步。其实价值澄清讲起来很悬，简单来说就是你要知道它为什么好，为什么很重要，先解决认识上的问题。你要从价值上澄清为什么要养成这个好习惯，或者为什么要改掉这个坏习惯？

第二，目标明晰原则。人的行为是受双轮驱动的，所谓"双轮"，一个是自动化的习惯，一个是目标驱动下的习惯，后者不断地重复就成为习惯养成的重要路径。价值澄清以后你要明确目标，要养成哪些习惯，在不同的阶段要做什么，达到什么成效？

第三，家校共育原则。习惯的养成需要家庭、学校的配合，因为你不能在学校是一个样，在家里又是一个样。然而，很多孩子就是两面人，在学校里是一个样，在家里是另一个样，这样很难养成良好的习惯。家校要同频共振。所以，家庭是习惯养成最重要的场所，也是第一场所。

第四，反思反馈原则。人不同于其他动物的一个很重要的特征就是具有自我意识，能够对自己的行为进行反省、调整和改变。反思意味着自我监督和自我提醒。我们主要通过自我监督来促进习惯养成。反思是一种非常重要的能力，我为什么强调教师要学会写教育日记，写教育叙事？其实教育日记和教育叙事在很大程度上就是教育反思。美国有一位年轻的教育家曾经写过一本书，在书中他认为教育最重要的一个目标就是培养人自我反思的能力。一个人真正拥有自我反思的能力，他才有自我改进的能力。

第五，融合整合原则。习惯养成并不是单向的，必须融合到学校教育的各种课程、各种活动以及学校的方方面面中去。整合也是，一个人的习惯涉及方方面面，在养成的过程中必须整合各方面的力量。

第六，持续有恒原则。习惯养成不可能是一场百米冲刺，而是一场需要意志和坚持的马拉松。坚持才是习惯养成最伟大的力量。新教育有一句话，叫"行动就有收获，坚持才有奇迹"。行动就有收获，你只要行动，总能有所收获，有所成功。但是你要真正大有所成，就必须坚持，坚持才是形成习惯最伟大的力量。所以一个人的意志力对行动和习惯养成具有重大的调节作用。人的意志力不仅可以激发人的行为，而且可以抑制人的行为，所以坚持不懈，习惯才能养成。

四

新教育实验自诞生之初，就高度重视习惯养成问题。本世纪初叶，我们提出新教育实验的五大核心理念，其中就有"教给学生一生有用的东西"。"有用的东西"自然包括知识、技能等，但我们强调的"一生有用的东西"，主要是指对人的一生影响最为深远的习惯。其后，新教育以推进"每月一事"项目落实这一理念，从"每月一事"的12个习惯主题以及从中分化出来的36个习目专题的实施上，已经取得了初步的成效，受益师生的核心习惯已经开始为他们的教育生活增添持久的动力。现结合新教育的"每月一事"以及学习叶圣陶先生有关习惯养成教育思想的感想体会和大家作一次分享。

"每月一事"的设计主要是根据习纲主题、目标指向、习目专题和每月事名四个部分来展开。习纲主题是指希望养成的习惯是什么；目标指向是指希望通过习惯养成而形成的品质；习目专题是指按照递进的关系，把每个习目分成低、中、高三个层次；而每月事名是指以一件小事为起点，从一件又一件的小事出发，螺旋上升，在生活中反复锤炼，最终形成良好习惯和相应的品质。

1月的主题是节俭，目标指向是节约。我们在不同的年级，不同的阶段有不同的行动起点。比如，1月，让学生学会吃饭是节约。1月，让学生在约定时间玩游戏是节制。无论老师也好，父母也好，你的孩子玩 iPad 的时间每天只能 20 分钟，不遵守不行。还有俭朴，让学生学会珍爱物品。

2月的主题是守规，目标指向是重规则。让学生按时上学不迟到，这是守时，当然这只是一个行动举例，守时远远不只上学不迟到。守法，让学生不闯红灯。诚信，让学生不说谎。

3月的主题是环保。我们去种树，学会垃圾分类。公益，就是学会做好事，要从参与开始。

4月，让学生参加一次公益活动，做一次志愿者。

5月有劳动节，所以从卫生开始，让学生学会扫地。从敬业开始，让学生认真值日。从创造开始，让学生做一个小发明，这是劳动。

6月围绕着艺术来展开，学会唱一首歌，学会欣赏一幅画，学会表演一个节目，从感受、鉴赏到表现。

7月的主题是健身，就是运动。珍惜生命，从运动开始，可坚持每天跑步。

8月的主题是友善。因为 8 月学校放假，同学们交往变多，所以懂礼貌，知道怎样成为好朋友，学会尊重不同的民族尤为重要。

9月，新学期开始，新加了阅读节，我们开始阅读、写作、质疑。

10月的主题是感恩，从孝敬父母到为朋友做一件事，再到爱国。

11月的主题是自信、乐观、勇敢、担当。比如，我们受了委屈，怎么做到不生气；登台作讲演；主动担责任等。

可以看出，这条习惯养成的路径是比较清晰的，每月的逻辑也是比较清楚的，而且每个月的特点都不一样。1月临近寒假，所以特别强调节约和节制。3月和环保联系的节日很多，比如3月5日是青年志愿者服务日，3月9日是保护母亲河日，3月12日是中国植树节，21日是世界睡眠日，22日是世界水日，23日是世界气象日，24日是世界防治结核病日，所以3月的主题，从个人卫生习惯的养成，到保护大自然、珍惜人类的生态系统，有很多文章可以做。这个设计是比较契合学生生命的节律的。我们也可以看到，每个习惯的背后其实也有着深刻的道理。

主题指向、目标行为都有了，那么怎么操作呢？在新教育的学校一般这么做。

第一，主题开启，营造情境。要培养某个习惯，往往可通过开学典礼、国旗下的讲话、重要的庆典、晨会宣布主题活动月开始。比如，海门市5月份的劳动主题，在4月30日这一天，全校师生在体育馆隆重举行了"星光币劳动创业每月一事启动仪式"，在这个启动仪式上成立了星光银行、星光拍卖行、星光创业商店，启动了勤劳好习惯的"每月一事"。校长、副校长是星光银行的"行长"，还产生了星光拍卖行的"拍卖师"。星光创业商店的营业员授牌，并详细讲解校园劳动的项目和认领方式。

第二，深度阅读、强化意义。因为有价值澄清就有主题阅读，通过主题阅读帮助学生更好地理解这个月、这个主题的内涵和文化背景，了解这个主题的价值意义，让学生自觉地参与到"每月一事"行动当中来。在活动中，一般要精心挑选阅读的内容，针对每个年级学生的认知特点和阅读水平，推荐这个年龄段相关的阅读内容。而且在阅读形式上，低年级一般以童谣、儿歌、童话书为主。我们研发了一套《新教育晨诵》丛书，从幼儿园一直到高三，每天一首诗歌，初中开始有英文诗歌，这是非常好的一套书，很受老师欢迎。因为这套书非常契合不同年龄阶段的特点，而且是根据主题来呈现的。

第三，实践体验，知行合一。要设计一整套的活动，没有丰富的活动，实践很难实施。活动要强调全员参与，要适合这个阶段儿童的特点，还需要学生不断地训练。此外，还要有实效性，比如有学校组织感恩习惯的养成活动，他们要求做到"四个一"：每天早晨离开家的时候，一定要跟家人说一声再见；见面的时候，一定要打招呼，或者给长辈一个拥抱；下午放学的时候要自己背书包；上午上学的时候至少要为家里做一些力所能及的家务。每个班要开展"算算亲情账"的活动，即孩子和父母一起来回忆和计算从孩子出生到现在，父母在其身上的所有开支，通过这样的方式，计算父母养育自己付出的劳累和心血。他们还进行了"爱在人间——探访敬老院"活动，在父母和老师的带领下到敬老院去帮助老人。通过一系列的活动让学生在实践中进行训练。

第四，充分展示，各显其能。我们把其称为习惯养成的主题展示，就是看一个月下来取得什么成效，这些展示可以是班级展示，也可以是年级展示，还可以结合学校的大型活动进行展示。有一些学校把展示环节设置为每月一赛，让孩子们认识到通过训练以后，他们在行为上有多大的变化。让孩子结合自己最擅长的方面，选择属于自己的舞台来进行总结。

第五，反思提升，评价多元。在展示以后，师生结合主题，写下自己的感悟和反思，即这个月下来，你自己有什么体会，有什么思考，甚至可以进行评价，可自我评价，同伴评价，老师评价或父母评价。有一些学校总结以"日日反思，周周评比，月月表彰"的方式来进行。比如，石家庄桥西区就采取了学生自荐、班级推荐、学校考评相结合的办法，评选每月一星。在环保这个月表现突出的同学，学校给他们颁发星光奖章，其他月评出来的有玫瑰使者、社区志愿者、种植小能手等等。

总的来说，习惯养成对一个人，对一个人养成自己的第二天性，对一个人养成稳定的价值观、塑造良好的人格、创造幸福完整的人生都具有非常重要的意义和价值。从个体的成长、教育的发展和目标、世界的趋势、社会的环境以及我们的精神成长来看，习惯养成都是教育最重要的事情。新教育的"每月一事"其实是以 12 个习惯为经，以知识技能为纬，进行科学编制，对学生的生活进行综合梳理，对学生生命一段段历程进行整体关照，同时也是对人格一次次用心地建构，对幸福完整教育生活一天天真诚地践行。我们想通过这样的努力，让自己将来在学生身上可以清晰地看到，政治是有理想的，财富是有汗水的，科学是有人性的，享乐是有道德的。一个孩子只有把全面和良好的习惯作为终身持续发展的动力，才有可能真正长大。

在纪念叶圣陶先生到甪直执教一百周年之际，我重温叶老关于习惯养成的思想，以及我们在叶老习惯养成教育思想的引领下，对于习惯养成第二天性，对于新教育的探索，与大家作一个简单的交流和分享。谢谢大家。

第二讲　教是为了达到不需要教

—— 叶圣陶"教为不教"思想研究

作者简介

  梁杰，江苏灌南人，现任灌南县教师发展中心主任，教授级高级教师。倡导从课程角度研究语文，以文本阐释的教学转型研究为突破口，解决了教学阐释的诸多问题；提出"规范语文"这一学科建设主张，并成功用于课堂教学。多次荣获省市课堂教学竞赛一等奖，先后被评为全国优秀教师、全国中小学优秀班主任、江苏省中学语文特级教师，享受连云港市政府特殊津贴。著有《叶圣陶"双主"教育思想发展概说》《教学文本及其阐释》。

各位同仁，各位叶研的朋友：

很荣幸能来到苏州跟大家交流叶研的心得；同时也很惶恐，苏州是叶圣陶先生的老家，这里有许多叶先生教育思想研究的大家，更有诸多叶先生教育思想的践行者，因而到苏州来实在是有点儿班门弄斧。

走近叶先生有个过程，于我而言，这一过程已有 20 多年，可还有不少问题没弄明白，所以在此只能跟大家说说叶先生教育思想的发展过程，说一说其教育思想的独特贡献。

一

要叙说叶先生的教育思想，首先要解决一个问题，那就是，叶圣陶先生有没有形成自己的教育思想？这个问题现在看似乎已无疑义，在 20 年前却不是这样。1998 年董菊初先生出版了一本书——《叶圣陶语文教育思想概论》，序言是顾黄初先生写的。在序言里，顾黄初先生讲到，许多年前就有人提出异议，说叶圣陶是没有教育思想的，他只有一些短篇文章，没有能反映他的教育思想的长篇的、宏观的、体系性的论述。顾先生说，有了董菊初老先生的这本书，他终于可以理直气壮地说，叶老是有自己的教育思想的。

这一问题解决之后，我们还得继续追问一句：叶圣陶先生的教育思想到底是什么？出于各自不同的理解，有不少学者给出了答案。我以为，要想准确把握叶圣陶先生的教育思想，我们还是要更多关注叶圣陶先生自己的论述。

请大家看一看史晓风在《圣陶下成长》中写的一段话："他的教育思想可以概括为一句话——'教是为了达到不需要教'，即提倡引导与启发，使学生加强自力锻炼，达到疑难能自决，是非能自辨，斗争能自奋，攻关能自勉的主动境界。"

这里用的是第三人称，不过内容是由叶先生自己审定的。1983年年初，国家外文局根据对外交流、宣传的需要，提出编纂、出版《中国人名词典》的倡议，以给外国人了解中国提供一份可靠的材料。这其中就有"叶圣陶"这一词条。为慎重起见，词典编委会请圣陶先生的秘书史晓风先生撰稿。稿成之后，叶圣陶先生亲自作了修订。由此可知，在圣陶先生自己看来，他的教育思想就是"教是为了达到不需要教"。1988年2月，叶圣陶先生去世后，新华社发的叶圣陶同志生平中也是这样介绍叶先生的教育思想的。也就是说，叶圣陶先生本人及官方权威机构都认为其教育思想就是"教是为了达到不需要教"。所以，我们今天的交流就以此为准。

"教是为了达到不需要教"是什么意思呢？我理解，这是一种理想的教学境界。什么境界？请看下面的这则资料：

> 所贵乎教者，自力之锻炼。
>
> 诱导与启发，讲义并示范。
>
> 其道固多端，终的乃一贯。
>
> 譬引儿学步，独行所切盼。
>
> 独行将若何？诸般咸自办。
>
> 疑难能自决，是非能自辨，
>
> 斗争能自奋，高精能自探。

这段话来自叶先生1977年创作的《自力二十二韵》，描绘了一幅自力自为的理想境界：疑难能自决，是非能自辨，斗争能自奋，高精能自探。这是一个什么境界？叶先生说得很清楚，"诸般咸自办"，什么问题都能解决，而且是靠自己解决。他在此解释了一下"疑难能自决，是非能自辨，斗争能自奋，高精能自探"。"疑难"是求知，"是非"是求真，"斗争"是内心两个"我"的辩难，偏向于求善，"高精"则倾向于创新。这就是"诸般"的主要项目。在叶先生心目中，理想的教育就是这样，不管是基础的求知，还是价值观方面的求真求善，甚至昂然走在时代前列的创新创造，学生都能做到自行解决。

再看一则史晓风《圣陶下成长》中的材料，我们对此的理解会更加深刻。

叶先生在"小传"稿上亲笔作了如下修改和旁注：

"他的教育思想概括为一句话——'教是为了不需要教'，即提倡'诱导与启发'，使学生加强'自力之锻炼'，达到'疑难能自决，是非能自辨，斗争能自奋，高精能自探'的境界。"改为"他的教育思想可以概括为一句话——'教是为了不需要教'，即提倡诱导与启发，使学生加强自力锻炼，达到疑难能自决，是非能自辨，斗争能自奋，攻关能自勉的主动境界。"

两稿相较就可发现，修改稿突出了"主动"二字，凸显了主动精神，这正是他"不需要教"的思想核心所在。也就是说，达到"不需要教"的学生都要能主动探索，依靠自己的力量解决各种问题。"主动"是叶圣陶"教是为了达到不需要教"思想的核心内容，是理解其思想的管钥，也是走近叶圣陶实践、叶圣陶教育思想的关键所在。

把握其思想的具体内容，这才是第一步，我们还有必要知道他在现代教育史上的地位，或者说，我们还需要了解其思想的价值，即下那么多功夫去学习到底值不值。

全面评价难度很大，在这里我们就先举一个例子管中窥豹。1991年2月，顾黄初先生出版了一部专著——《现代语文教育史札记》，对现代语文教育史上的重要现象、代表人物都作了较为具体的描述。在说到当年流行的设计教学法时，顾先生说，"这里不能不首先提到叶圣陶。叶氏从1917年春天到苏州角直吴县第五高等小学任教以后，就着手进行教育教学的改革"。

"这里不能不首先提到叶圣陶"，这就是地位。语文老师上课时都会说"不能不"，双重否定表示强调，这一强调显示了叶圣陶的不可替代，而让顾先生"不能不首先提到"的叶圣陶其时才 23 岁，后来他的钻研越来越深，成就越来越高，越来越成为一座我们无法绕过的高峰，尤其是在基础教育领域。至于放眼中国教育史，限于学识与视野的不足，也由于时间积淀还不够，我还不能作出精准的评价。不过，就我所掌握的资料，我有一个直觉，在基础教育领域，叶圣陶的地位当可与胡瑗、朱熹等教育大家比肩而立。

二

圣陶先生没有接受过高等教育，是苏州草桥中学的毕业生。一个高中生，为什么会成为全国知名的教育家？尤其是我们现在讲到现当代教育时还绕不过去他，必须讲到他。我在反复阅读中发现，他的教育思想是逐步形成的，这一过程大致可分为四个阶段：早年的"走近杜威"；否定杜威之后的"自辟蹊径"，时间大概在 20 世纪三四十年代；20 世纪五六十年代，在解决语文教育难题时，形成了"导学"思想；最后就是思想的哲学表达，时间在20 世纪 80 年代初。

先来说说第一阶段。

1911 年圣陶先生开始教书，一直教到甪直时期结束。他一共教了十年，这十年是圣陶先生早年的教学实验。这一教学实验集中在三所学校进行：言子庙小学、上海尚公学校、吴县第五高等小学。

圣陶先生在言子庙小学探索了两年多，从日记中可以判断，此时其自力思想开始萌芽。

1912 年 2 月 2 日，他在日记中写道：

耶教教旨固尽属真理矣，犹未能尽善。盖真理之外何必加上帝、救主等字以为市帘。且人最恶依赖，苟人人恃自力明真理，则无往而不得善果；且其得之也，必欣然曰："我自得之。"[《叶圣陶集（第 19 卷）》]

这里，他用以批判耶教的思想武器就是"自力""自得"。这一思想表现在教学上，就是在修身课上为学生讲述鲁滨逊的故事，讲鲁滨逊在荒岛上怎样一个人谋生，独立，学生"聆之笑口咸开"。

传统私塾教育的普遍形态是"死读强灌"，叶圣陶认为，它"不合法固已极点"。由此，他开始苦心追求西方的实用主义教育思想。在日记中他写下了这一心路历程：

当世宏才则提撕疾呼曰：教育宜取实用主义。夫，此谁则不知哉？即如国文一科，必由何等方法乃能使足应运用，彼辈则又靳而莫宣，徒令吾侪苦心焦思，若盲在途，莫自知其所，至瞻彼学生窒塞，犹是对不起良心矣。（《叶圣陶传论》）

不过，他很快就遇到了知音。1915 年 4 月，他因郭绍虞的介绍而进入上海尚公学校。尚公学校是商务印书馆的职工子弟学校，也是商务教材的教育试验田。"学校采用实用主义、勤劳主义、自学辅导主义的教育方法，注重实效"，这里的教员"多为热心教育的志士。他们视校事为己事，视学生为如己之子弟"。这些都与叶圣陶不谋而合，由此，他开始了与实用主义的亲密接触。

在课外，设立少年书报社，以"养成学生自学之基础"。"还发起成立'通信社'，鼓励学生自制信笺信封，相互写信，增进情谊；他还带领'学生新闻社'外出采访，练习写作；组织高年级学生到昆山'修学旅行'，到电灯厂、美华利钟表制造厂、商务印书馆印刷所等厂矿企业学习'电业''钟表制造业''木板雕刻''铸字''制版''印刷'等方面的知识；到近郊乡村捕捉昆虫制成标本。"

1917 年年初，因了同学好友吴宾若的邀请，他开始到甪直吴县第五高等小学任教，开始全面实践杜威的教育思想：

在学校里自编各种课本，创办生生农场、利群书店、博览室，建造礼堂、戏台、音乐室、篆刻室。每周开一次同乐会，学期中与学期末开一次恳亲会，辅导学生自编自演话剧。组织学生一年一度远足旅游。（《叶圣陶年谱》）

这些看起来和在尚公学校差不多，可叶圣陶对此的理解却深刻多了。他在《倪焕之》中说：

(作为教师)，我们不能把什么东西都给予儿童；只能为儿童布置一种适宜的环境，让他们自己去寻求，去长养，我们就从旁给他们这样那样的帮助。

这是小说家言，在教育论文《小学教育的改造》中他更理性地阐述了环境建设的宗旨，即，"一个学校便是一个社会"，"儿童进了学校，只是与各种事物相接触，只是觉得有许多事情要做；有必要的时候，他们自然会到会场里去讨论，会到图书馆里去看书。他们对于环境，兴趣所及有所不同；他们各从所好，随时运用心力和体力，或是工作，或是游戏，来满足各自的欲望，便随时长进经验，随时有所创作有所进步"，"这样的学校生活便是社会生活，而且更有系统，更有价值，更有改进的精神。他们并不觉得进了一个特殊的境界，游戏依旧，工作依旧，社交依旧，却不知不觉得到了做社会中的一员的经验"。

可以看到，此时叶圣陶的教育思想已经完全杜威化，简直就是杜威思想的翻版。但实验并没有带来想象的结果，在实验过程中他发现，学生并不像他们想象的那样对各种现象进行深入的学理的探究，他们"拿着应用的农具在农场徘徊，看看这里那里都不用动手，只好随便地甚至不合需要地浇一点儿水完事……他们执着笔杆写《农场日志》，带着虚应故事的神情，玩忽地涂上'今日与昨日同，无新鲜景象'的句子"(《倪焕之》)。这一结果促使他对杜威的理论产生了怀疑，并于1932年点名批评杜威："如杜威所谓'教育即生活'，这些理论也偏于空疏，没有切实道破具体的教育的意义。"这意味着叶圣陶开始与杜威分道扬镳，各走各的路了。这是叶圣陶教育思想发展的第一个阶段。

否定了传统，叶圣陶还可以选择西方，选择杜威。现在，杜威也被否定了，他将走向何处？答案最先写在《文心》这本书里。

《文心》是一本自学辅导书，意在指导失学青年自学门径。写法很特别，没有"一二三四"的自学教条，几乎全是学习场景的呈现。比较一下就可以发现，《文心》的教学出现了三个转向，从教育转向教学，从全科转向分科，从课外转向课内。他不再泛论教育，而是把教育附着于教学，附着于具体的学科身上。这一学科不是全科，而是分科，语文便是语文，数学便是数学。与此相应，教学场所也自然从课外转向课内，教室成了学习的主要场所。

这一转向很特别，不中不西。从教育转向教学，从课外走向课内，是对杜威的反抗；而从全科走向分科，则是对我国传统教育的反抗。也就是说，自《文心》开始，叶圣陶就开始独辟蹊径，开始了其教育创新的征程。

值得注意的是，叶圣陶对课堂教学形式也作了改造，《叶圣陶集（第11卷）》中有这样的论述：

王先生讲解选文采取学生自动的方式，自己只处于指导的地位。先叫一个学生朗读一节，再令别一个学生解释。一节一节地读去讲来，遇有可以发挥的地方，他随时提出问题，叫学生们自由回答，或指名叫某一个学生回答，最后又自己加以补充。

我国传统的课堂是逐句讲解，老师讲，学生听。可这位王仰之先生的课堂却是学生自动，老师指导，这就迥异于传统。可也不同于杜威，杜威的教学主要是体验生活，在生活中学习，学科界限不太明晰。也就是说，这一课堂教学方法也是中西合璧的创新。不过，这一创新还是纸上谈兵，空想的成分更多些。

1937年，全面抗战爆发后，叶圣陶避难四川，重返教育。这时，他对课堂组织形式的认识更加明晰，他认为，传统的逐句讲解法"最大毛病在乎学生太少运用心力的机会"，为了让学生在课堂上多"动动天君"，他提出了讨论法的完整构想。他说：

上课时应取讨论方式，就学生预习所得而讨论之。其有不合，则为之订正；其有未尽，则为之补充；其有弗及，则为之阐发。整篇由教师讲解之方式，足以阻遏学生阅读能力之发展，以少用为宜。

这是他在《六年一贯制中学国文课程标准》中对教学方法的规定，而在《论中学国文课程的改订》一文中他又对此作具体申说：

逐句讲解的办法废除了，指导预习的办法实施了，上课的情形就将和现在完全两样。上课做什么呢？在学生是报告和讨论，不再是一味听讲；在教师是指导和订正，不再是一味讲解。报告是各自报告预习的成绩，讨论是彼此讨论预习的成绩，指导是指导预习的方法，提示预习的项目，订正是订正或补充预习的成绩。在这样场合里，教师犹如一个讨论会的主席，提出问题由他，订补意见由他，结束讨论由他。当这样的教师当然比较麻烦些，"讨论要点"或"讨论大纲"都得在事前有充分的准备；学生在这样的教师面前，却真个能够渐渐地"养成读书习惯"，为了学生，似乎不应该避免麻烦。

粗略比较一下，从《倪焕之》到《文心》，是从课外走向课内；从《文心》到讨论法，则其对课内的理解越来越具体，也越来越深刻。当年是模糊的"学生自动"，现在是系统的讨论法操作，先要预习，再是课堂讨论，然后才是课后练习，老师怎样，学生怎样，都有一整套非常清楚的规定，这都显示出叶圣陶先生的教育思想已经越来越成熟，越来越接近实战。不过，限于时间，讨论法的具体细节，这里无法细说，可参考《叶圣陶"双主"教育思想发展概说》一书。这就是叶圣陶教育思想发展的第二阶段，双重否定后对中国教育的独立建构。

新中国成立之后，新的问题又出来了。什么问题？白话文教学。过去是不教白话文的，私塾的老先生遇到白话文就说："这个太简单了，你们自己看。"现在我们把苏联的教学大纲拿过来，必须讲了，而且，新中国的第一套教材几乎都是白话文，更是不讲不行了。怎么讲？于是好多人写信请教圣陶先生，也有人利用各种机会当面向他请教。

1961年9月，圣陶先生利用接见呼和浩特市民代表的机会再次对此作出解答。他说：

我认为教文言文也不应该逐句逐句讲，至于逐句逐句讲语体文，那简直是浪费学生的精力和生命。所谓讲，应当理解为给学生指点与引导，使学生逐步达到能自己阅读。

一如既往地，叶圣陶还是反对"逐句讲解"，尤其反对逐句讲解白话文，并把它上升到"浪费学生生命"的高度，这是他对逐句讲解白话文的总体表态。但老师在课堂上总得说话，话该怎么说呢？对此，叶圣陶作了极其重要的申说，"所谓讲，应当理解为给学生指点与引导"。他在"讲"和"指点与引导"之间画了等号，由此，"讲"便不再是一味地讲解，而成了基于学生疑惑的指点与引导。这是叶圣陶教育思想的重要进步，其后他对这一"指点与引导"作了更加具体的阐述，"最好面向学生提出些问题，引导他们由思索而达到理解"。问题成了指点与引导的抓手，成了师生思维联系的纽带。这一提问后来演变出了满堂问，这却不是叶圣陶先生的本意。他说：

我个人的意见，精讲就是挑精要的话讲，不要讲一些可有可无的话，徒然扰乱学生的心思。要说得出精要的话，全在深切体会课文，同时还设身处地，从学生方面着想，怎么讲可以给他们启发，怎么讲可以增进他们的理解。[《叶圣陶集（第25卷）》]

我理解，"精要的话"就是问题所在，就是学生疑惑所在，"可有可无的话"就是与学生疑惑无关的话。怎样才能确定问题？叶先生给出了一个极其具体、极便操作的建议，"设身处地，从学生方面着想"，这样就把这个困惑了许多老师的全局性、普遍性问题解决了。这一问题的解决前前后后总共花了十来年时间，在这一过程中，叶圣陶对"指导"的认识日益深刻，并于1962年作出了极其精辟的阐述：

教师当然须教，而尤宜致力于"导"。导者，多方设法，使学生能逐渐自求得之，卒底于不待教师教授之谓也。

这段话阐明了"教"与"导"的关系，指出"导"是"教"的主要形式，同时指出，"导"需要教师"多方设法"，"导"的目的则是"使学生逐渐自求得之，不须教师讲授"，从而比较完整地阐明了其导学思想，实现了其教育思想的再一次升华。

20 世纪 40 年代，叶圣陶说教师是"主席"，60 年代他又说教师是"导师"，这两者有何区别？我们知道，讨论会名为讨论，其实更多时候都有其明确的程序，因而"主席"在处理学生问题时还是有些机械，有些被动。这从叶先生对课堂情形的描述中也可以看出来。他当年说，"其有不合，则为之订正；其有未尽，则为之补充；其有弗及，则为之阐发"，这一情形很有点见招拆招的被动应付味道，而"导师"则是设身处地，预想学生可能遇到的问题，并根据学生的程度作出恰如其分的回答。主动与被动，就是"导师"与"主席"的根本区别，"多方设法"则是其主动精神的具体表现。这一"多方设法"我们在《跟叶圣陶先生精读〈共同纲领〉》中可以看得很清楚，那是一个极其成功的导学案例。

导学的最高境界是引而不发，弗牵弗抑，恰到好处。史晓风在与叶圣陶讨论"地名中的'阴'与'阳'"的问题时，叶先生并没有把问题全部抛出来，可悟性颇高的史晓风却从中联想到了相关问题，于是，在史晓风的书中就有了这样一个精彩的教学镜头：

叶先生高兴得哈哈大笑，说："地名中的'阴'与'阳'的问题，刚才只讲了一半，我有意留了一半，想试试你的天赋和勤奋。我料到你迟早会提出这另一半的问题，却没有料到你会这么快就提了出来，我很高兴。"

接着，叶圣陶先生就开始耐心地解说起来。我想，叶先生所希望我们老师的大概就是这样，引而不发，学不躐等，可学生一旦触动了灵机，发现了新的问题，则又倾筐倒箧，不厌其烦。

至此，叶圣陶教育思想已经非常成熟，但还没有发展到最高阶段，还没有实现其思想的哲理化总结。这一工作直到 20 世纪 80 年代才宣告完成，但其萌芽却在 60 年代。1962 年 7 月，他在与梁伯行老师通信时说，"我近来常以一语语人，凡为教，目的在达到不需要教"。其后，类似的表述便常常见诸他的文章，如 1962 年 11 月，他说，"尝谓教师教各种学科，其最终目在达到不复需教，而学生能自为研索，自求解决"。1964 年 3 月，他说，"教师之主导作用在于学生已有之能力水平而适当提高之，使能逐步自己领会课文之内容与语言之运用，最后达到不待教师之讲解而自能阅读"。[均引自《叶圣陶集（第 25 卷）》]

这些信件都是随手写就，在仓促中完成的，因而其表述也各式各样，各有侧重。1977 年，国家各项事业又开始重新谋篇布局，《中学语文》杂志请他题辞。这回他精心准备，在斟酌后写道，"我想，教任何功课，最终目的都在于达到不需要教"。基本雏形出来了，可还不够简单朴素，直到 1984 年，"教是为了达到不需要教"才因《中国人名大辞典》的编写而最终敲定，这也意味着叶圣陶先生的教育思想完成了其哲理化表达工作，达到成熟的最高阶段。这样，"教是为了达到不需要教"就与陶行知的"生活即教育，社会即学校"、蔡元培的"以美育代宗教"等思想一样，成为民族教育宝库中的重要组成部分，彪炳千秋，润泽后世。

三

在我国，被称为教育家的有不少，和他们相比，叶圣陶是个什么样的教育家？下面我们就来探讨一下叶圣陶教育思想的特色问题。

我以为，圣陶先生是一位立定教育、明晓规律、勇于创新的教育大家，可以和中国历史上的许多教育大家比肩而立，他代表了中国基础教育的新高度。

近年来，不少人都从不同角度对叶圣陶教育思想进行了解读，提出了诸如"现代""为人生""民族性、大众性"等许多新的见解。这些见解都把叶圣陶教育思想放在更大的视野中来观察，从而发现了他思想中的现代性和民族性等特质。这和叶圣陶先生不同，说到自己，他就是一句话，"他的教育思想可以概括为一句话——'教是为了达到不需要教'"。他最关注的就是教师和学生，就是教师的教和学生的学，就是教的过程。其实，关于教育的现代性，是其早年教育探索的重要内容，教育为人生的论题则是贯穿其教育思想的又一根主线，至于教育的民族性，他在 1958 年给江亦多的信中也有明确的论述。然而，在总结自己的教育思想时，他把这些都撇在一边，只说自己对于教与学关系的理解。这一差异告诉我们，他更关注对教育内部规律的探讨，教师怎么教，学生怎么学，教材怎么用等等。这些看似琐碎的问题，叶圣陶一直探索得津津有味。这一研究视角其实就是普通一线教师的视角。基于教师的教育立场，更着意探索教育的内部发展规律，正是叶圣陶教育思想的重要特点。

作为教师，我们好多人都站在教育立场上思考问题，为什么只有叶圣陶成了教育大家？我以为，这主要是因为他思想深邃，探骊得珠，对教育规律有精准的把握。

叶圣陶先生提出了许多教育命题，比如"教育学生，使其成为国家的合格的公民"的教育总目标观，比如"教育是农业"的教育生态观，比如"教育就是要养成良好的习惯"的学生培育观，比如"学生是种子"的学生主体观，比如"教材无非是个例子"的教材功能观，比如"教育工作者的全部工作就是为人师表"的教师职能观，比如"反对瓶子观点"的教学过程观等等。

这诸多观点，我们大家耳熟能详，都已经成为相关教育领域的经典论述。咳唾成珠，这些都说明叶圣陶对教育规律的把握已到了从心所欲的地步。回望历史，我们发现，叶圣陶在教育目标的确定、学科形态的把握以及教学过程的洞察等方面都显示出了远超常人的远见卓识，在重要的历史抉择面前都作出了正确的判断，为中国教育闯出了一条新路。

学习到底是为了什么？教育到底是为了什么？这都是涉及教育培养目标的方向性问题。叶圣陶敏锐地发现，在"家天下"时代，教育守着利禄主义精神，"读书作文的目标在取得功名，起码要能得'食廪'，飞黄腾达起来做官做府，当然更好"。这自然不适合现代中国民主国家的建设要求，因而他旗帜鲜明地提出，要"使（学生）成为国家合格的公民"，直到现在，这仍然是我国教育的基本目标。

何谓合格？合格公民有哪些具体要求？这些问题弄不清，目标的指向性就不明晰，其实现就是一句空话。对此，叶圣陶先生论述颇多，这其中，他基于知行关系的论述尤其值得重视。

我们的传统，"读书是要学生知道'以往'，为'未来'作准备"，实用主义教育观与此恰好相反，他们认为，"学校的最大坏处，就是先为学校悬一个很远的目标，以为现在所学，都为将来入社会之用"。本来，叶圣陶是持"为未来准备观"的，可在研习了实用主义教育理论之后，他便改变了立场，要求学习要为当下生活服务，"学生因在当前的环境中有所需求，自然会自己去研究，寻求出道理和办法来"，"经过这样的研究和试验，他们得到的便是真的知识"。

因了这一立场的改变，他在20世纪20年代便提出，"知识的价值全在于即知即行，当时运用"，新中国成立后他又提出，"不为在实践里运用，学生还有受教育的必要吗？"从而把运用提高到唯一目标的地步。怎么运用？他从两方面提出了要求：一是学多少，用多少。他说，"必须让学生懂得一分就在实践里运用一分，懂得两分就在实践里运用两分，才算教得真有了效果"。二是形成习惯，终身以之。他在20世纪40年代便反复强调：

"教育"这个词儿，往精深的方面说，一些专家可以写成巨大的著作，可是就粗浅方面说，"养成好习惯"一句话也就说明了它的含义。无论怎样好的行为，如果只表演一两回，而不能终身以之，那是扮戏；无论怎样有价值的知识，如果只挂在口头说说，而不能彻底消化，举一反三，那是语言的游戏；都必须化为习惯，才可以一辈子受用。

也就是说，不仅要即知即行，还要知多少，用多少，更要形成习惯，终身以之，这样才可以称得上是合格公民。

在利禄氛围浓厚的当年，叶圣陶汲取实用主义哲学的合理成分，形成即知即行，终身以之的教育运用观，并以之充实教育培养目标，这一成果直到现在仍然鲜活依旧，还是教育的基本指导思想，由此可见叶氏教育思想的穿透性。

当然，重视践行也是我国的教育传统。孔子因宰予昼寝事而提出，"始吾于人也，听其言而信其行；今吾于人也，听其言而观其行"。墨子说，"士虽有学，而行为本焉"。朱熹则说，"学之之博，未若知之之要；知之之要，未若行之之实"，"未能行，善自善，我自我"。清朝初年则出现了一个倡导实学的颜李学派，这些都表现出古代教育家对践行的重视。不过，相比较而言，像叶圣陶这样把实践运用与教育的关系提升到如此高度，而且要求这样严格细致，构成严密体系的，在古代教育家中也并不多见。

如何实现上述教育目标？我国传统的做法是采用"混合式教学"。"学生的思想道德教育以及政治经济、天文地理、历史卜算等百科知识，几乎全是通过诵读经、史、子、集或一些古文选本一揽子解决的。"但随着工业化的深入，西方已经普遍实施分科教育，并逐渐向我国渗透。是分科还是合科？这一当今看来已经常识化的问题在当年却是个重大抉择，鲁迅当年到新式学堂读书受了多少人的白眼！

对此，叶圣陶细加分析，"学校里分科是由于不得已；要会开方小数，不能不懂得加减乘除；知道了唐朝，不能不知道唐朝的前后是什么朝代；由于这种不得已，才有分科教学的办法"。在这一理性分析中，叶圣陶的倾向性一目了然。

对于国人来说，分科教育是个陌生的领域，翻开《二十世纪前期中国语文教育论集》，里面有不少对分科的误解与争论。对此，叶圣陶却独具慧眼，在 20 世纪 40 年代即已看得很清楚。他说：

各种功课有个总目标，那就是"教育"——造成健全的国民。每一种功课犹如车轮上的一根"辐"，许多的辐必须集中在"教育"的"轴"上，才能成为把国家民族推向前进的整个"轮子"。[《叶圣陶集（第 11 卷）》]

也就是，就学科教学内容而言，是分的，但就整个教育目标而言，它又是合在一起的。叶圣陶以车为喻，巧妙回答了学科与整个教育的关系，也巧妙回答了教育之于国家民族的功用。这一辩证理解至今仍是指导分科教学的基本原则。

分科，意味着各个学科合在一起共同构成一个教育的大家庭，那么，这些学科凭什么傲然屹立于学科之林呢？对此，叶圣陶的回答是"独当之任"。他在论述国文学科任务时说："国文教学自有它独当其任的任，那就是阅读与写作的训练……这种技术的训练，他科教学是不负责任的，全在国文教学的肩膀上。"以此类推，各个学科都应该有其独当之任，这一独当之任为某一学科所固有，也为其他学科所没有，各个学科就因为各自独立承担着某一独特任务而自立于学科之林。独当之任就是一个学科区别于其他学科的标志，是其本质属性所在，离开了这一独特性，它就会被其他学科取代，被逐出学科之林。

叶圣陶的这一独当之任论是对朱自清学科分合论的发展。1925 年，朱自清在与穆济波的辩难中提出，国文科有两大教学目的，一是"养成读书思想和表现的习惯或能力"，二是"发展思想，涵育情感"。"后者是与他科相共的，前者才是国文科所特有的。""特有"只是指出了其独特性，叶圣陶在此基础上又向前走了一步，从静态的目的研讨变成了动态的任务落实。"独当之任"概念的提出，标志着分科教学研究达到了一个新的高度，而且，这一高度至今还无人超越。远在 80 年前，尤其是当时分科教育刚刚实施，全国不少地方私塾教育仍然大行其是，叶圣陶就敏锐地把握到了时代的变化，对分科教育的本质把握得如此清晰，确实令人惊叹。

教育目标和学科体系都明确之后，教学如何进行呢？"教是为了达到不需要教"就是叶圣陶对此的回答。

教育的主要关涉对象是老师与学生，叶圣陶先生就从他们入手，思考教学的落实问题，最终他发现，教师的教与学生的学之间存在着一种特殊的关系，即教师的所有努力都是为了让学生早日离开师门，独立生存。教的目的不是让教师倾筐倒箧，尽兴传授，也不是让学生充分获得，学个盆满钵满，而是让学生早日学得应付生活的本领，独立应对生活的挑战。由此他在"教"与"不需要教"之间画了个等号。教学过程如此复杂，叶圣陶就以这一等式揭示了其本质。

但实际的教学远不是画等号那么简单，教师教给学生的不是有形的糕点，而是无形的经验，学生要想有所收获，必须开动脑筋，记忆，理解，融汇，运用。也就是说，教学的授受是个极其复杂的心理过程，直到现在认知心理学也没有完全弄明白这一过程到底怎么回事。这一教学过程的难题如何破解？叶圣陶迂回了一下，直接到达"不需要教"的状态，用"真知真能说"和"习惯说"来描述这一前景，然后以"学步导幼儿"的场景来比喻教学过程，指出教学是先扶后放，边扶边放，终到学生独立行走的过程。

明确教学内容的特殊性，明确教学结果的特殊性，再明确教学过程的特殊性，叶圣陶的这三个明确就是他关于教学过程的具体回答，这一回答把我国的教育研究水平提高到了一个新的高度。

叶圣陶先生立足教育，在把握规律的基础上建立了一个庞大的教育体系。面对这一体系，我们不禁要问：这一思想从哪里来？是他独自建立起来的吗？

叶圣陶教育思想的发展过程告诉我们，他的教育思想是在不断否定、不断创新中形成的。

圣陶先生最先否定的是传统教育。叶圣陶先生读过私塾，参加过清朝最末一次科举考试，对传统教育的弊端很清楚。在从教之初他就明确表示，"曩时私塾死读强灌，每兼朝昏，其不合法固已极点"，这一"不合法固已极点"的断语表明他对传统教育的极度失望。年岁渐长，他对此的认识越来越深刻，相继撰写了《认识国文教学》《论国文精读指导不只是逐句讲解》等一系列文章，从理性上剖析、鞭挞传统教育的不合理之处。

因了当时《教育杂志》《东方杂志》等的传播，叶圣陶在否定传统的同时，全力追随杜威的实用主义教育思想，可说达到了痴迷的程度。在言子庙小学期间，他照着杂志的描述做，并为不得要领而苦恼；在上海尚公学校期间，他在同事带领下学着做，并逐渐学得其精髓；在甪直时期，他自己领着别人干，饱尝甘苦，从而对杜威的教育思想有了全面深入的了解。

杜威教育思想建立在经验哲学基础之上，倡导亲历，倡导体验，希望学生在问题解决情境下通过主动探究的方式学习。杜威多次以"蚕的一生"为例阐述其教育思想。他要求学生在学校养蚕，注意观察其生长过程中的生理变化，借以学习生物学知识。

作为成人，我们都明白，生物学有其专门的知识体系，蚕的生长过程只是生物生长发育的一个个例，学生要想从这一个例中抽象出节肢动物、昆虫、鳞翅目等专有名词来，抽象出鳞翅目动物的生长发育过程与特点来，其难度还真不是一般的大。所以，我们在小说《倪焕之》中看到，学生拿着《农场日志》，玩忽地涂上"今日与昨日同，无新鲜景象"。没有专业的植物学老师的指导，这群角直的农村孩子怎能看出豆角生长过程中蕴含的植物学？所以，叶圣陶对杜威教育思想的深入实践，结果反倒是使他离开了杜威。也就是，在否定了传统教育之后，他又否定了以杜威为代表的西方教育。

　　在否定了这些较为成熟的教育形态之后，叶圣陶的教育之路该往何处走呢？

　　我们注意到，叶圣陶对这些教育形态并没有一棍子打死，而是直击其弊端所在。说传统教育就指斥其"死读强灌"，缺乏主体精神；说西方教育就斥其内容空疏，缺乏严密的学科体系。纵观叶圣陶30年代之后的教育探索，我们会发现，教学内容的充实与学生主体精神的充分发挥，已经成为叶圣陶教育思想的两大生长点。叶圣陶的理想就是建立一个既有严密的学科内容体系，又能充分发挥学生主体精神的教学系统。

　　在教学内容上，他一直在不停地探索。1932年，他花一年功夫编写了一套童话版国语教材；1935年，他倡导语文形式的学习，由此成为语法、逻辑进教材的主要推动者；新中国成立后，他又要求听、说、读、写并重。这些，都是他在教学内容方面的探索。他明确提出，别让学生"暗中摸索"，要让学生"明里探讨"。其针对性所在，就是"空疏"，就是希望学习内容更明晰。

　　叶圣陶先生在教学法方面的重要贡献是对讨论法的研究，其具体内容前面我们已经有所论述。贯穿于讨论法之中的思想内核就是对师生关系的把握。作为学生，要能充分发挥其主体精神；作为教师，要能充分发挥其引导作用。师生关系，就是要处于某种微妙的平衡之中。看看讨论法，看看导学思想，再看看叶圣陶先生当年所反对的逐句讲解法，自能明白他在学生主体精神发扬方面曾下过多少功夫。

　　就这样，叶圣陶先生建立了一个融汇东西方教育之所长的教育思想体系，这一体系刚诞生，就受到了世人的热烈欢迎。抗战期间，武汉大学、四川省教育厅争相延聘叶圣陶；新中国成立后，叶圣陶又以其在教育上的独特贡献，长期主持我国教材编撰工作，多年担任教育部副部长，晚年又担任教育部顾问，长期主持、指导中国基础教育工作，产生了广泛的社会影响。在他生前，已经有人开始研究叶圣陶教育思想；在他身后，叶圣陶教育思想研究一直是教育界的一门显学。这些已经表明，就影响的广度、深度而言，在我国现代教育史上已经罕有其匹。随着时间的推移，我们相信，叶圣陶教育思想会越来越因其操作性、科学性和民族性而得到世人的认可，叶圣陶也将因此而跻身大教育家之列。

第三讲　能引导自学的教师才是名副其实的教育家

——叶圣陶"引导自学"思想研究

作者简介

　　钱家荣，硕士，祖籍苏州相城，民进会员，教授级中学高级教师，江苏省特级教师，苏州市"姑苏教育领军人才"，苏州市名教师，苏州市学科带头人，苏州市教科研学术带头人，吴中教育名家，吴中区知名教师。现任苏州市吴中区教科室副主任，兼任江苏省教育学会中小学心理教育专业委员会理事，江苏省心理学会会员，苏州市教育学会中小学、幼儿园心理健康教育专业委员会副会长。

自学及如何引导自学，自古以来就是教育工作者思考和为之不懈探索的古老命题。"引导自学"是叶圣陶提出的重要教学思想，自民国肇始，贯穿于叶圣陶的大半生，至今仍具有极强的现实意义。深处教育变革的伟大时代，开创苏式教育的伟大实践，需要倡导像叶圣陶那样创新开展教学改革，做个像叶圣陶那样深入作研究、精于作总结，能引导学生自学的名副其实的教育家型现代教师。

一

（一）叶圣陶"引导自学"教学思想产生的基础

从我国古代的孔子、西方的苏格拉底到近代的蔡元培、陶行知、杜威、叶圣陶等，都曾十分重视教师的引导，倡导学生自主学习。那么，叶圣陶怎么会提出"引导自学"教学，"引导自学"又怎么成了可以引领教学改革的完整的教学思想的呢？我认为叶圣陶提出"引导自学"的教学思想，主要基于以下四个方面：

一是对教育现状的不满和对教学的反思。叶圣陶接受旧教育的启蒙，对旧教育忽视人的主体作用的弊端感受比较深。自己从事教育工作后，他经常反思，提出了很多有真知灼见的教学新理念、新做法。

二是对传统教学思想的批判继承。叶圣陶反对守着"古典主义"和

"利禄主义"的旧教育，常批判旧式的私塾教育只是逐字逐句地讲解，学生被动地学习。

三是受到其他教育家的影响。他既接受了国内教育家，如陶行知、俞子夷、吕叔湘等人重视发挥学生主体作用、重视自主学习教育思想的影响，又受国外教育家如杜威等人教育思想的影响。

四是来自亲身的教育教学实践。叶圣陶的最高学历是高中，他的学问、修养都是靠自学而得，靠与志同道合者的相互探讨而得。同时叶圣陶身边有许多自学成才的人，如夏丏尊等，都对他"引导自学"思想的凝练产生了影响。当然，叶圣陶1917年春到1921年秋在角直吴县第五高等小学任教的经历更为重要。在这段时间里，叶圣陶与吴宾若、王伯祥等有进步倾向的同事一起，对教学进行改革。他们在实践和生活中引导学生自主学习，这段经历是叶圣陶教学思想萌生的丰厚土壤。譬如晓庄师范之于陶行知，帕夫雷什中学之于苏霍姆林斯基，吴县第五高等小学可以说是叶圣陶的"晓庄"和"帕夫雷什"。他以学生为本，培养学生终身自学能力的理念就此生根，而且奠定了叶圣陶的教育成就，打实了叶圣陶教育思想的地基，是他一步步成为教育家的起点。

（二）叶圣陶"引导自学"教学思想的萌芽与演变

从1912年做小学教师起，到1988年去世，叶圣陶"引导自学"教学思想从萌芽、发展到成熟，贯穿了他的大半生，长达76年。叶圣陶"引导自学"教学思想的发展不是一蹴而就的，而是波动式，大致分四个时期。

1. 叶圣陶"引导自学"教学思想的萌芽和发展时期（大约为民国时期到新中国成立前）。

叶圣陶在做小学教师的时候，就认为正确的教学方法应该是学生"自学"，教师"辅导"，最好是可以引导学生学会自己学习，使其养成自主学习的习惯。他曾说："知勉强注入之徒劳也，知利用儿童求知心之事半功倍也，故教授方法采用自学辅导主义，课前令之豫备，课后复令温习，务以养成其自力研修之习惯。唯是学校课程范围有限，而儿童之求知心曾无涯涘，以有限应无涯，难乎其无违教育之本旨矣。我校有鉴于此，爰有少年书报社之设，其旨趣有两端：一、增进学生课外之智识，二、养成学生自学之基础。"［《叶圣陶教育文集（第2卷）》］

此后，叶圣陶多次强调"引导自学"，到40年代，他在多篇文章中深入阐发"引导自学"，如1940年写的《国文教学的两个基本观念》《精读指导举隅》，1941年写的《略读指导举隅》《变相的语文教学》《论国文精读指导不只是逐句讲解》《如果我当教师》等，1942年写的《认识国文教学》，1945年写的《受教育的与改革教育》等，特别是在《精读指导举隅》中他全面阐述了"引导自学"的教学理论，可以说，至此"引导自学"的教学理论基本成形。

2. 叶圣陶"引导自学"教学思想的停摆期（新中国成立初期至50年代末）。

新中国成立后，叶圣陶主要从事管理工作。当时中国的语文教育主要为思想政治服务。1952年下半年，全国范围内展开了学习苏联教育经验的热潮，凯洛夫的《教育学》成了教育界的"金科玉律"，中小学教师争相将"五步教学法"引入自己的课堂，有的教师甚至严格地、分毫不差地实践着这一教学模式，逐渐陷入了"形式主义"的泥淖。叶圣陶是人民教育出版社的社长，后任教育部副部长，自然也是这一教育思想的推动者。所以这个时期，叶圣陶宏观教育谈得多，微观教育谈得少，"引导自学"谈得很少，关于"引导自学"方面新的东西就更少。他的"引导自学"基本处于停摆状态。当然停摆不是因为叶圣陶认为引导自学不重要了，而是由那个时代的整个教育生态决定的。

3. 叶圣陶"引导自学"教学思想的巩固期（60年代初至"文革"末）。

进入60年代，叶圣陶又多次谈及"引导自学"，他认为教师在教学中要善于启发和引导学生，使学生能主动地开动脑筋思考，逐渐学会自主学习，最终达到"不需要教"的境地。1961年，叶圣陶指出："学生须能读书，须能作文，故特设语文课以训练之。最终目的为：自能读书，不待老师讲；自能作文，不待老师改。"1962年，他又指出："我近来常以一语语人，凡为教，目的在达到不需要教。以其欲达到不需要教，故随时宜注意减轻学生之依赖性，而多讲则与此相违也。""尝谓教师教各种学科，其最终目的在达到不需要教，而学生能自为研索，自求解决。故教师之为教，不在全盘授予，而在相机诱导。"1963年，叶圣陶在给一位语文教师的教学工作报告的评改意见中提出："尽心尽力地教，目的在达到不需要教。学生真正不需要教了，这才是教学工作和教育工作的大成功。"1974年，叶圣陶再次明确：凡是做老师的人，最终都是为了使学生达到"不需要教"的境界，教师所需要做的只是启发和引导学生，等待学生的语文知识和技能逐渐地增加，打开书就可以无师自通地阅读，拿起笔来就可以写一篇文章。此时，叶圣陶的这一思想得以巩固。

4. 叶圣陶"引导自学"教学思想的完善期（改革开放后）。

"文革"结束后，教育得以恢复，叶圣陶高度重视自学问题，不仅在大会小会上呼吁，而且发表了不少相关文章。1977年12月，他说："我想，教任何功课，最终目的都在于达到不需要教。假如学生进入这样一种境界，能够自己去探索，自己去辨析，自己去历练，从而获得正确的知识和熟练的技能，岂不是就不需要教了吗？而学生所以要学要练，就为要进入这样的境界。给指点，给讲说，却随时准备少指点，少讲说，最后做到不指点，不讲说。这好比牵着孩子的手教他学走路，却随时准备放手。"〔《叶圣陶教育文集（第2卷）》〕1977年，叶圣陶发表《自力二十二韵》，提出"疑难能自决，是非能自辨，斗争能自奋，高精能自探"。1981年，他又在《立志自学》一文中说："这种自己求得知识的本领，有老师指引固然容易长进，没有老师指引，也可以在不懈地探索中练成。光是自己探索当然要多费力气，然而是值得的，因为自己探索得来的往往更为深刻。"

由于叶圣陶在不同时期对"引导自学"思想表述的语言形式和表达顺序都不是特别统一，"文革"后他进行了多次修改和订正。1984年年底，叶圣陶将他的这一教学思想最终确定下来。归纳起来就是："教是为了达到不需要教"，为此必须提倡教师要善于"引导与启发"，帮助学生逐渐增强"自力锻炼"、达到"疑难能自决，是非能自辩，斗争能自奋，攻关能自勉"的一种积极主动的学习状态。

（三）叶圣陶"引导自学"教学思想的核心内容

叶圣陶"引导自学"教学思想的基本内核反映在他对自学作用的认识、"引导自学"的科学界定、"引导自学"三教段理论和"引导自学"的原则与方法等方面。

1. 自学的作用。

在叶圣陶看来，自学关系到人的整体发展和终身价值。他说："一辈子坚持自学的人就是一辈子自强不息的人。"他还认为一个受过教育的人必须是具备足够的自学能力的人，能够随时随地进行自我教育的人；否则，算不得是个受过教育的人。

确实，从知识的广度上看，在现代社会要做个"够格"的现代人，应该掌握的知识太多太多，说也说不尽。各种教育机构只能取其重要的、基本的作为例子教给学生，其他的更多的知识，必须由学生学会举一反三，自己去学习，去研究，去掌握，去扩充。从知识的深度上看，人类的知识财富，其积累主要不是机械相加，而是发展演进。因此，受教育者对于现成的知识，决不可"光知守而不知变"；一定要在接受前人经验的基础上，通过自己的独立思考，有所发现，有所改革，有所创新。这种发现、改革、创新，是别人不能代庖的，必须在自学过程中逐步达到。

2. 引导自学的概念。

"教是为了达到不需要教"，这是教学的根本目的。引导自学就是指为了达到"不需要教"的境地，教师在教学过程中注重启发和引导，帮助学生学会自学，最终学生能够自觉主动地去锻炼自己各方面的能力，达到能够自己解决疑难问题，自己判断事物的美与丑，自己振奋精神，自己勉励自己去攻坚克难。这种在教师引导下的积极主动的学习过程、学习境界、学习方式就叫"引导自学"。

"引导自学"是教学的手段和方法，我们需要完整理解叶圣陶的"引导自学"。既要把它看成是引导学生在知识、技能上的自我充实，又是引导学生在思想、品德上的自我修养。"引导自学"，既是引导学生自己去读书探究，自己去求得课本中的知识，又是引导学生自己去实践，自己去"从事物中读不用文字写的书"，最根本的是"练成自己发现问题和求得解决的能力"。"引导自学"，既是学习方法的指导，又是自学动机、态度、习惯、精神的培养。"引导自学"，既是引导学生在校时主动学习，又是引导他们将来离校后终身自学。

3. 引导自学的三教段理论。

叶圣陶在1940年撰写的《精读的指导》——（《精读指导举隅》前言）等文章中完整论述了引导自学的过程，他认为引导自学可以分为三段：预习、讨论、练习。这是叶圣陶引导自学教学完整性的充分体现，也是引导自学科学性的重要表现和它的实践魅力所在。因为这是一个十分科学和便于操作的教学步骤，符合认知心理学原理。心理学认为，人的认知或掌握技能要经过三个阶段，即感知—理解—实践。预习就是感知课文，讨论、报告、精讲就是理解课文，练习就是实践。正由于它科学、实用，所以至今仍被语文教师奉为"经典"的教学进程。

（1）预习。

什么是预习？叶圣陶说：预习不过就是让学生先尝试着对要学的课文进行一番"翻查、分析、综合、体会、审度"。当然实际的预习工作得让学生自己来完成，务必让他们自己"动天君"。

叶圣陶十分重视预习，他认为，为了帮助学生养成良好的阅读习惯，教师必须在每讲一篇课文之前，就让学生作充分的预习。预习是训练阅读最关键的一个阶段。他认为，只有当学生努力尝试预习一番之后，才会对文章有所了解，即使他们中或许有的人还没能抓住文章的中心，甚至有的人对文章的理解全都是错的。但如果这时候再让他们在课堂上听听老师的讲解，并与自己之前的理解作一番对比，比他们毫不预习就来听讲效果要好得多。可以说，预习是语文阅读教学得以成功开展的保证。

那么预习如何进行呢？对精读指导而言，预习要做的工作有以下几个：

一是通读全文，二是认识生字生语，三是解答教师之前所提示的问题。

第一，通读全文。从逐字逐句地读懂段落标点做起，到了课堂上则可指名通读，学生各自对勘错误。读法分两种：诵读和宣读。其中宣读是基本，可以传达出情趣与畅发感兴，可以考查学生对文字的理解。诵读全文，可知道文章的大概。

第二，认识生字生语。如果在读的过程中遇到不认识的"生字生语"或"人地时"等问题时，学生可以借助字典之类的工具来查询。依赖字典词典的翻检，得到相当的认识。不仅知道读音和解释，而且熟习它的用例。还要记笔记，写下笔记，学生的预习才不至于徒劳。要考查学生对生字生语的认识程度，可以看他的笔记，也可以听他的口头回答。当然，学生认识生字生语，容易出现模糊笼统的毛病，必须帮助他们改掉。

第三，解答教师之前所提示的问题。学生预习中，教师要指导他们去思索，最好给他们一些具体的提示。教师时时具体地给他们提示，他们参考与思索的习惯渐渐养成，写下来的笔记也不会是敷衍了事的了。即使所得的解答完全错误，但是得到教师或同学的纠正，一定更容易心领神会。

预习的主角是学生，但预习中离不开教师的指导。叶圣陶认为预习阶段的关键是引导学生主动思考。"他们动了天君，得到理解，当讨论的时候，见到自己的理解与讨论结果正相吻合，便有独立成功的快感。"这种快感、思索与注意力，对于激发阅读的兴趣、增进阅读的效果都有很高的价值。同时教师要检查学生的预习情况，可以通过课堂上"指名通读"、看学生的笔记、口头回答等方式来检查。

（2）讨论。

讨论是教师引导学生在预习的基础上，围绕学习内容开展学生之间、师生之间的多项交流和合作研讨，使学习得到深化。叶圣陶强调，预习之后，"上课的活动，教学上的用语称为'讨论'，预习得对不对，充分不充分，由学生与学生讨论，学生与教师讨论，求得解决。应当讨论的都讨论到，须待解决的都得到解决，就没有别的事了"。

通过讨论，学生的思维处于亢奋的状态，相互碰撞，容易迸发出智慧的火花，形成独到的见解。同时，他们的主体性在互助和研讨中也得到了充分的发挥。

为了保证每个学生都能积极参与到讨论中来，并且有所收获，预习工作首先必须做到位，这是讨论有意义的前提。其次还得在平时让学生养成讨论问题、发表意见的习惯。

那么怎样培养学生"讨论"和"评论"的习惯呢？叶圣陶指出，可以通过听别人说话，评论别人的话，然后再用适当的话来发表自己的意见或想法，尽量用心平气和的态度来比较自己和别人的看法，通过这样反复的练习，养成"讨论"和"评论"的良好习惯。只有养成这样的习惯，学生在课堂讨论环节才会有话可讲，有意见可发表，获得的收获才会最大。

讨论环节中，教师要发挥主导作用：作为"主席"，负责安排讨论的顺序、流程等工作；作为"评判人"，需要在学生讨论结束后针对讨论结果作总体的归纳和概括；作为"订正人"，要在发现学生预习中的错误后予以纠正，认识和理解上的缺陷要予以适当的补充，学生如果有哪一个知识点尚未注意到，教师必须予以适当的提醒和阐发。总之，教师教学的重点不是把知识本身塞进学生的大脑，而是在他们预习过后，予以相应的"纠正、补充与阐发"，使学生真正在课堂讨论中受益。

（3）练习。

练习（历练）可以说是语文知识的综合运用阶段。叶圣陶非常注重"历练"环节，他认为只有通过反复的历练，学生才能将学到的知识内化为自身的能力，才能养成良好的阅读习惯。

练习工作包括：吟诵、参阅相关的文章、考查。

首先是吟诵。所谓"吟诵"就是让学生充分地利用"心、眼、口、耳"等各种感觉器官来进行阅读的一种方法。教师可采用"指名吟诵"，让学生在同学面前展现自己，或自己先吟诵一遍，学生再仿照吟诵。吟诵不仅可以透彻地理解课文，还能与作者的心灵相通，体会作者所表达的思想感情。吟诵是"最可贵的一种境界"，阅读课文只有达到了这样的境界，才能说是学到了真正的本领。

其次是参阅相关的文章。必须充分发挥精读课文的"例子"特性，将它们作为学生学习的"出发点"，当熟悉了这些精读文章，掌握了基础知识之后，再通过读一些其他的书籍将知识化为实践能力。这里所说的"相关的文章"，指与原文属于同一体裁，但表现手法不同的文章；也可以是作者同时代的人的文章。

最后是考查。考查实际是教与学的双向反馈和调整阶段。在这个环节，教师最重要的任务是考查后的归纳、总结，这种方式与传统的只重结果不重过程的考试方法有很大的不同。面对考查，学生首先要有正确的认识和态度，务必竭尽自己所学到的知识来认真应对每一场考试，考完试后也不要过分地关注分数。如果考得好，只能证明这段时间学得不错，不必骄傲；如果考得不好，也只是说明没有努力用功，之后一定要努力学习，加紧赶上才对。分数只是检查教师的教和学生的学的效果。为了保证考查效果，教师最好采用有意义的、能够检测学生学习效果的方法，不要用一些根本不能看出学习效果的考试方法。要选用有营养价值的题目考查学生，真正达到检测学习效果的目的。

4. 引导自学的原则和方法。

（1）激发兴趣。

要激发学生的兴趣，首先必须在教学中激发他们的自学需求，要"善于利用科学本身固有的趣味"，"在指导学习之中使学生受到鼓励"。如何激发学生的学习兴趣？叶圣陶提出几点建议：第一，教师在教某门功课之前，要让学生明确这门功课是做什么的，有什么用途。当学生明白了自己将要学习的这门功课原来有这么大的用处，一定会喜欢上这门课；第二，教师要给予学生适当的鼓励，这样可以帮助学生树立自信心，始终相信我能行，这可以使学生更加乐于学习，勤于思考；第三，教师要"为人师表"，始终以自信乐观、积极向上的人生观来感染和影响学生，使学生受到鼓舞，更加喜欢这门课。

（2）从教材入手。

"引导自学"，不能不从教材入手。但是，"教材即使编得非常详尽，也不过是某一学科的提要，加上一些必要的范例罢了（语文课本几乎全是范例）"。因此，凭借教材进行教学，一定"要使学生能够举一而反三"。这里包含两层意思：首先对教材，"教师就要朝着促使学生'反三'这个标的精要地'讲'，务必启发学生的能动性，引导他们尽可能自己去探索"；其次教材不是终点，"领会教材之质与文犹未已也"，"最要紧的是引导学生能举一反三，'一'是课文，'三'是自己阅读东西"。

（3）相机诱导。

叶圣陶认为，"教师之为教，不在于全盘授予，而在于相机诱导"。"不愤不启，不悱不发"，无论教什么，都要让学生先思考一番，不必一味地讲解，主要是"领导他们共同讨论"，开动脑筋。教师的主导作用，就体现在善于"引导"和"启发"，使学生能够达到"自奋其力""自致其知"，因此，教师必须学会如何引导和启发学生，帮助学生达到自己学习、自己求索的目的。教师必须将传统的"注入式"教学法改变为"导学式"教学法。

（4）因材导学。

学习的主体不同、材料不同，学法自然也就不同。因此，教师必须根据具体情形进行学法指点。一般来讲，学法指点一是要从总体入手，即"鸟瞰的讨究"，学习新东西之初，先总的指导一下；二是要随机点拨，使学生在指点中得到领悟，亦即于不知不觉之中学会遇到任何书籍文篇，宜如何下手乃能通其义而得其要。

（5）由扶到放。

一开始"扶"着学生学习，是为了今后"放"手让学生自学。教师需要教给学生学习的方法。学法的指导可以在学某类对象前，教给学生这类对象的学法，但更为重要的是教师要时常给学生提问和指点，帮助学生逐渐学会学习的方法。总的说来，教师要从"多讲"到"少讲"，最终完全"放手"。

（6）学以致用。

要打下学生一辈子自学的基础，仅仅让学生学一学，懂得了一些知识和方法，还是远远不够的，非得使他们养成良好的自学习惯不可。"必须使种种方法成为学生终身以之的习惯”，这样学生才真正具备自学的能力，而“养成好习惯必须实践”，必须学会知识的迁移。不仅要在课内加强实践，而且要向课外拓展，使学生在更广阔的天地学习、实践。

（7）科学评价。

最后，教师要正确科学地进行评价。“引导自学”教学的最终目标是增强学生的自学能力，因此，教师必须实施正确科学的评价，才能促成目标的实现。对学生而言，考试是常有的事，但考试的内容是否合理，却对学生自学能力的评价起着至关重要的作用。考试的方式必须合理有效，而评价这一方式是否有效的准则是考查学生是否已经将知识转化为自身的能力，是否已经养成了自学能力。不仅要通过学生的考试成绩来考查，更重要的是对学生的课堂学习行为和实践活动进行考查和评价。

5. 引导自学中教师的作用。

叶圣陶曾说：“学生要学到一辈子自学的本领，教师的作用极关重要。教师不仅要授与学生以各科知识，尤其重要的在于启发学生，熏陶学生，让他们自己衷心乐意向求真崇善爱美的道路昂首前进。”［《叶圣陶教育文集（第2卷）》］

要培养自学能力，教师就必须在“导”字上下功夫。所谓教师之主导作用，其义在“引导”，并非一切由教师主动，学生处于被动地位，只听教师讲说。即，教师之为教，不在全盘授予，而在相机诱导，必令学生运其才智，勤其练习，领悟之源广开，纯熟之功弥深，巧为善教者也。各个学科的教学都一样，无非教师帮着学生学习的一系列过程。叶圣陶说：“教师当然须教，而尤宜致力于‘导’。导者，多方设法，使学生能逐渐自求得之，卒底于不待教师教授之谓也。”教育工作“此如扶孩子走路，虽小心扶持，而时时不忘放手也”。当然，唯有老师善读善写，乃能导引学生渐进于善读善写。“善于启发的老师都把学生看成有机的种子，本身具有萌发生长的机能，只要给以适宜的培育和护理，就能自然而然地长成佳谷、美蔬、好树、好花。”［《叶圣陶序跋集》］学生，即使是刚刚接受启蒙教育的孩子，也不是一无所知、一无所能的木头，他总有接受新知识、掌握新本领的某种基础，善教者无非是善于利用这种基础，通过启发诱导，让学生凭借自己原有的潜力去获取新知识，锻炼新本领。而拙于教者，总是过低地估计学生的学习潜力，在学生完全可以凭借自己的努力去理解、去掌握的时候，还在喋喋不休，以致学生听而生厌、昏昏欲睡。

<h2 style="text-align:center">二</h2>

评价叶圣陶的"引导自学"教学思想，不能脱离叶圣陶的教育思想整体，也不能不考虑叶圣陶"引导自学"教学思想产生、发展的历史境域，更不能游离、抛弃该教学思想的历史脉络和未来走向。

（一）叶圣陶"引导自学"教学思想在叶圣陶教育思想体系中的地位

与叶圣陶的其他教育思想比较宏观，具有原则性、概念性、原理性不同，叶圣陶"引导自学"教学思想具有微观、具体性、操作性、科学性的特点；与叶圣陶的其他教育思想阐述不太完整、没有得到科学论证和影响有限相比，叶圣陶"引导自学"教学思想阐述比较完整、符合认知规律、有广泛的接受性和实践性。因此，叶圣陶"引导自学"教学思想是叶圣陶教育思想体系中最完整的思想、最有科学支撑的思想、最接地气的思想、影响最广泛的思想、最容易操作的思想和最容易检验的思想。

（二）叶圣陶"引导自学"教学思想在当代教学论体系中的地位

当今教育，教学流派林立，最主要的有：卢仲衡的自学辅导教学、邱学华的尝试教学、黎世法的异步教学、张熊飞的诱思探究教学、李吉林的情境教学、王敏勤的和谐教学、张思中的十六字教学、马承的三位一体教学、顾泠沅的青浦数学教学改革等。而这些教学改革或流派无一不强调教师引导和学生自学。我们完全可以得出"自学是教学改革的核心"这个基本结论，确信叶圣陶的"引导自学"就是这些教学流派的思想源头。

（三）叶圣陶"引导自学"教学思想在教育思想史上的地位

自古以来，我们的教学思想中始终有"自主""自学"的痕迹。拿孔子的教学思想来说，他就十分推崇自主的学习。如孔子主张：

（1）"为仁由己"。他把学生视为道德教育的主体，因而在道德教育的方法上，非常注重自我修养的方法。

（2）启发诱导，循序渐进。"不愤不启，不悱不发，举一隅，不以三隅反，则不复也。"

（3）学思结合，知行统一。"学而不思则罔，思而不学则殆。"他还强调学习知识要"学以致用"。

再以陶行知的教学思想——"教学做合一"为例。陶行知说："教学做合一"是生活法，也是教育法。它的含义是教的方法根据学的方法，学的方法要根据做的方法，"事怎样做便怎样学，怎样学便怎样教。教而不做，不能算是教；学而不做，不能算是学。教与学都以做为中心"。由此他特别强调要亲自在"做"的活动中获得知识。要改革教学方法，"先生的责任不在教，而在教学，而在教学生学"。

叶圣陶曾说过，好的先生不是教书，不是教学生，乃是教学生学。"教师之为教，不在全盘授予，而在相机诱导。"所以说，叶圣陶"引导自学"教学思想与中国自古以来的教学思想一脉相承。

当然叶圣陶"引导自学"教学思想也有其独到之处，是中国"引导自学"教学理论一脉相承路上的新发展、新概括、新起点。

（1）新发展。

叶圣陶"引导自学"教学思想，是旧教育走向新教育的实践开端，是最早的教学理论探索之一；在教育转型的过程中，叶圣陶"引导自学"教学思想，最坚决地批判陈腐的传统教学流弊，而又最认真地继承孔子以来中国教学和学习的优良传统并加以现代化；总结自身丰富的教学实践经验和自学经验，而又不断地从中国新时代其他教育家和广大教师的有关思想、经验中汲取精华。叶圣陶的"引导自学"教学思想革新了我国的自学教学思想，丰富了我国自学教学的理论宝库。

（2）新概括。

叶圣陶的"引导自学"基本上概括形成了新的系统的教学理论。第一，从教学目的上，精辟地阐明了教学的主要功能在于"引导自学"。第二，从教与学的关系上，清楚地阐明了"引导"和"自主学习"的关系。第三，从内容体系上，从定义的说明到过程的揭示，再到原则方法的说明，是标准的系统的教学论。特别是正确、完整地揭示了"引导自学"这一基本概念的科学内涵。总结经验，探讨规律，提出了一套切合实际、比较科学的"引导自学"的基本模式和方法原则。

（3）新起点。

叶圣陶"引导自学"中的一些话，一些概念，如"教是为了达到不需要教""相机诱导""由扶到放""预习、讨论、练习""教育就是要养成良好的习惯""受教育的人的确跟种子一样""疑难能自决，是非能自辨，斗争能自奋，高精能自探"等等，都是引导自学的新表述，具有中国味、原生态、实践性，是叶圣陶特有的，也是引导自学思想的新面孔。这种独特的话语体系正是"引导自学"的魅力所在，其得到一线教师的认同，不少教师的引导自学正是从这里扬帆起航。

（四）叶圣陶"引导自学"教学思想的实践意义

本质上，叶圣陶"引导自学"教学思想具有实践性，因此其实践意义甚于理论意义。

1."引导自学"是一部以学为核心的实践教学论。

"引导自学"首先是一种教学方法。"引导自学"就是教师如何引导学生自学的方法。"引导自学"能够解决学习的现实问题，包括学生不愿意学、不会学习、过于依赖老师等诸多问题，因而是实践性很强的教学论。本质上，教学的问题是学的问题，而不是教的问题。教师不是教某门学科，而是教学生学某门学科。学才是教学的关键，以学为核心，探讨教学的方法，无疑找对了方向。

2. "引导自学"是一本可以直接指导教师教学的实践手册。

语文教学研究专家顾黄初说，语文教育的许多新观念和新思路的产生，以及语文教学效率的提高，大部分是因为受了叶圣陶的影响。"引导自学"对广大中小学教师教学的直接指导作用是不言而喻的。叶圣陶关于"引导自学"的语言感染力无与伦比，譬如，他把教师善于引导学生，培养他们自学能力的最高境界，凝练成一句脍炙人口的教育名言——教是为了达到不需要教。多么通俗易懂，多么富有感染力和影响力。对此，中小学教师记不住的人很少，不理解的人很少，不想去实践的人很少。叶圣陶教学思想已经在苏州扎下了根，产生了极其广泛而深刻的影响，成就了一批又一批的教师及其教学。

3. "引导自学"是一张可以引领教学改革的实践蓝图。

在旧教育向新教育转型过程中，叶圣陶等人在甪直引领教学改革，可以说叶老是我国基础教育界改革的先锋，他们的实践路径至今仍有启发作用。我们今天的教育也面临着转型，可以说叶圣陶的教学认识和当下的新课程改革有着高度的一致性，指引着当下的课程改革。"教是为了达到不需要教"，"引导自学"的三段教法等，深刻地揭示了语文教学的本质和规律，特别对于当今的中小学语文教学改革仍然具有极大的启发意义。

4. "引导自学"是一个可以评价教师教学有效性的实践标准。

学者郝希娟说，"教为不教"思想是叶圣陶对于语文课程标准和语文教育工作者的专门贡献。教师的引导是否到位，教师的教学是否真的有效，不是没有评价标准，叶圣陶的"引导自学"原则和方法就是标准。教师在预习指导中、讨论教学中、考查中有没有做到位，对照叶圣陶的"引导自学"在预习、讨论、考查各环节的步骤和方法就可以一目了然。

三

我们学习、研究叶圣陶的"引导自学"教学思想，不只是为了了解和记住它，抑或为了纪念叶圣陶，更是为了在实践中运用，在理论上深化发展。

（一）为什么要学习、实践、发展叶圣陶"引导自学"教学思想？

1. 自学永远需要。

自我教育是教育的最高境界。列宁曾经说过：人类最高境界的教育是自我教育。高尔基说：自学是世界上一切财富中最宝贵的财富。从我国古代的孔子、西方的苏格拉底到近代的蔡元培、陶行知、杜威等，都曾十分重视教师的引导，倡导学生的自主学习。对于今天的学生、今天的教学、今天的后喻文化传递来说，"自学"思想没有过时，"自学"教学终身需要。实际上"自学"思想在大变革、大转型的互联网时代更为重要。创新的时代，就是学习的时代，更确切地说，是自主学习、有效学习的时代。

2. "引导自学"教学思想还处在发展之中，没有过时。

学生自主学习和自学能力的培养研究并不是全新的课题，自古以来就是教育工作者思考和为之不懈探索的古老命题。自主学习研究，国外可以追溯到古希腊时期，国内可以追溯到春秋战国时期。古希腊哲学家苏格拉底的"产婆术"原理可以说是最早的自主学习思想。在我国，孔子的启发式教学、学思结合，孟子的"自得之"思想，是自主学习思想的最早启蒙。

今天的自学思想又有什么新进展呢？近代，西方教育学家从20世纪60年代开始倡导自主学习，并将其作为教育改革的主要目标之一。当然自主学习的表达方式可能不尽相同，需要我们在比较中继承发展。

齐莫曼是美国研究自主学习的权威，自20世纪80年代中期就与一些心理学家致力于自主学习研究。齐莫曼认为，确定学生的学习是否是自主的，应该依据研究框架中的第三列，即任务条件来判断。如果学生在该列中的六个方面均能由自己选择或控制，则其学习就是充分自主的；反之，如果学生在这六个方面均不能由自己选择或控制，则其学习就无所谓自主。引导自学的本质就是引导学生的自主学习，这让我们判断和引导学生自学更为精准。详见下表：

齐莫曼自主学习的研究框架

	科学的问题	心理维度	任务条件	自主实质	自主过程
1	为什么学	动机	选择参与	内在的或自我激发的	自我目标、自我效能、价值观、归因等
2	如何学	方法	选择方法	有计划的或自动化的	策略的使用等
3	何时学	时间	控制时限	定时而有效	时间计划和管理
4	学什么	学习结果	控制学习结果	对学习结果的自我意识	自我监控、自我判断、行为控制、意志等
5	在哪里学	环境	控制物质条件	对物质环境的敏感和随机应变	选择、组织学习环境
6	与谁一起学	社会性	控制社会环境	对社会环境的敏感和随机应变	选择榜样、寻求帮助

国内学者对自主学习的探讨始于 20 世纪 80 年代中后期，他们在总结和分析国外自主学习理论的基础上，结合我国的实际情况对自主学习进行了研究和探讨，主要围绕自主学习在我国当前条件下的必要性、可行性和深远意义、自主学习中教师和学生的角色定位、自主学习能力的调查与培养方法、自主学习环境的构建等方面展开。我国学者庞维国认为："自主学习是建立在自我意识发展基础上的'能学'；建立在学生具有内在动机基础上的'想学'；建立在学生掌握了一定学习策略上的'会学'；建立在意志努力上的'坚持学'。"在表述上、精确性上、科学性上，无疑今人的研究都有很大的进步。

(二) 如何实践、发展叶圣陶"引导自学"教学思想？

践行叶圣陶"引导自学"教学思想，需要从研究角度、实践角度、创新角度等方面入手。

1. 从研究角度再出发。

研究无止境，叶圣陶"引导自学"教学思想的独特价值，以及其丰富性、科学性、指导性，决定了该研究不会穷尽。当然，我们要思考在目前的学术形势下，引导自学到底如何继续，要思考如何全面深入地把握叶圣陶"引导自学"教学思想的当代价值和意义，思考在实践中如何来践行该教学思想。

（1）研究前提：对叶圣陶"引导自学"教学思想的独特价值和意义的全面认识与整体把握，是推动叶圣陶"引导自学"教学思想研究发展和持续深入的前提。

（2）研究途径：拓展思路，寻找新的研究视角和研究范式，是发现和挖掘叶圣陶"引导自学"教学思想新的价值和意义的有效途径。

（3）研究出路：与时俱进才能使叶圣陶"引导自学"教学研究不断推陈出新。要从现实的教学改革教育发展的需求中，不断激发对叶圣陶"引导自学"思想研究的新的激情，认识该思想价值的可增长性，如与苏式教育的对接与发展。要在不断的新的阐释中，通过对其价值和意义的重新发现，不断生发出新的话题，寻找新的研究生长点。要让叶圣陶"引导自学"教学思想研究在已成历史研究对象的叶圣陶和当代教育教学之间筑起沟通的桥梁，使学者们书斋研究的成果转化为推动教学改革实践的重要资源。

2. 从实践角度再出发。

正在进行的新课程改革，汲取借鉴叶圣陶"引导自学"教学思想，对于我们丰富教育教学素养，更新教育教学观念，优化教育教学行为，升华教育教学境界，具有重要意义。可以说，叶圣陶"引导自学"教学思想具有巨大的现实性、实践性、指导性，新课改需要叶圣陶教育思想来引领和指导。不要以为"引导自学"仅适用于语文教学，不要以为"引导自学"就是自己读课本。发展无止境，德、智、体、美、劳都是学生自主发展的重要方面。

对于践行叶圣陶"引导自学"教学思想，培养学生终身学习的能力而言，要实践的内容也很丰富，如：

（1）如何指导学生作好课前预习，形成问题意识；

（2）如何指导学生作好自学讨论，形成对问题的共识，聚焦问题，准备好讨论材料；

（3）如何指导学生的思维方向，力争引起学生的共鸣，把握讨论的重点；

（4）如何指导学生善于发现问题，自己寻求解决问题的思路与方法；

（5）如何指导学生在复习时自己看书温习，归纳整理，寻疑解惑；

（6）如何指导学生在实践中迁移学习能力，做一个成功的终身学习者。

3. 从创新角度再出发。

叶圣陶理论不是完美无缺的理论，"引导自学"教学思想需要与时俱进。事实上，引导自学尚待探讨的理论问题还有很多，包括："引导自学"概念的科学性问题、"引导自学"的本质（实质）问题、"引导自学"的内在机制问题、"引导自学"的特征问题、"引导自学"的模型问题等，留给我们思考和创新的空间很大。

叶圣陶"引导自学"教学思想自民国肇始，汲取中国传统教学思想的精髓，在中西教育文化的碰撞中经受淘洗，形成了有中国特色、有独特话语特征的教学论，孕育、滋养了中国众多教学流派，对当下教学改革产生了深刻的影响。学习、研究叶圣陶"引导自学"教学思想，需要广大教育工作者不仅从教育史、教育理论研究角度再出发，更要从理论创新角度再出发，从实践运用角度再出发，从教师专业发展角度再出发，像叶圣陶那样做一个善于"引导自学"的教育实践家，善于研究总结的教育理论家。

第四讲　受教育的人的确跟种子一样

——叶圣陶"儿童种子观"思想研究

作者简介

　　孙春福，苏州工业园区教师发展中心科研处主任，教育硕士，正高级教师，苏州市首届姑苏教育领军人才，苏州市名教师，江苏省特级教师。曾担任教育部"送培到藏"国家级培训指导专家。曾在《叶圣陶研究会通讯》《课程·教材·教法》等刊物发表叶圣陶教育思想研究论文多篇。全国小语会会刊《小学语文研究·人物》曾以10万字专号向全国推介他的教学和研究成果。多项科研成果被《教育文摘周报》《人大复印资料》《初中语文教与学》等刊物转载，多次获得省教育科研成果奖、市哲学社会科学成果奖。近几年来，致力于儿童本质和童年特征的研究，提出"儿童的教育以儿童的方式进行""让知识护佑灵魂"等观点，引起同行较大关注。

作为一代教育家的叶圣陶先生，始终走在时代前列，顺应时代变革要求，对中国传统文化、教育进行不懈的反思、批判，积极学习、吸收外国教育新思想、新理论，革故鼎新。因此他的教育思想与时俱进，富有跨越时代的生命活力，历久弥新。多年来，我致力于收集叶圣陶先生的生平资料，研读他的系列教育著作，比较全面、深入地了解了他的教育思想，强烈地感受到：叶圣陶的教育思想有重新发现、全面认识的必要；而要深入把握叶圣陶的教育思想精髓，其科学的儿童观值得认真研究、弘扬。纵观这位中国现代教育宗师的一生，我认为，叶圣陶"儿童种子观"是其教育思想的基石，它产生于中国近现代社会转型之际，是中国现代教育思想萌芽的标志，对于引领中国当代教育思想的现代化转型仍然具有重大的指导价值。

一、叶圣陶"儿童种子观"在其教育思想中具有奠基作用，是其"教是为了达到不需要教"教育过程观内在应然逻辑之基石

谈及叶圣陶的教育思想，他老人家的一句名言大家都会脱口而出："教是为了达到不需要教。"在理论层面，许多研究者竭力探讨"教"与"不教"的辩证关系；在实践层面，许多教育工作者也一直探索"教是为了达到不需要教"的操作策略。的确，"教是为了达到不需要教"对教育过程的本质作了极为深刻的揭示，是他一生教育智慧的提炼。但是，"教是为了达到不需要教"是否是他教育思想中最有价值的核心？"教是为了达到不需要教"是如何产生的？"教"为何可以达到"不教"？"教"为何要达到"不

教"？经过多年的学习思考，我认识到：叶圣陶"教是为了达到不需要教"教育主张背后有着内在严密的教育哲学的逻辑，把握这一内在的逻辑比掌握其操作技术有着更大的教育启示。

一个人生存于世，其头脑中有意无意存在着一种人生观，左右着他的处世行为；作为一个教师，同样有意无意存在着一种教育观，左右着他的教育行为。而在这或清晰或潜隐的教育灵魂中占据着首要位置的，是对"作为教育对象的儿童是怎么一群人？"这一"儿童观"的预设。

叶圣陶在从教之初，就确立了"儿童像种子"的鲜明观点。1919 年 2 月，他在探讨中国小学教育价值与使命的《今日中国的小学教育》一文中就指出："一棵花，一棵草，它那发荣滋长的可能性，在一粒种子的时候早已具备了。……不称职的种植家非但不能改良遗传性和环境，反而阻遏可能性，那么植物就糟了。"把小学生比作植物，教师就是种植家，教师的责任就在于发现和保护像种子一样的儿童的可能性，并提供适宜的环境。

他还特地于 1921 年创作了一篇童话：《一粒种子》。这是非常特别的种子，全世界只有一粒。有一个国王得到这粒种子后，用白玉盆来种，土是精心筛选的，浇的水是滤了又滤，总怕还不够干净。每天早晨，国王亲自把这个盆从暖房搬出来，晚上还会亲自搬回暖房。但两年后，它还没有发芽，国王生气了，就把它扔掉了。种子经过了很多人的手，有富翁、兵士、农民。最后它终于在农民的地里发了芽，开了花。为什么国王、富翁、兵士对种子照顾得无微不至，每一天都浇水，护理，可是时间一天天过去，种子仍然只是一粒种子；而在一个平凡的农民那里，种子就生根，发芽，开花了呢？难道是农民有什么高超的技术吗？其实农民并没有什么高超的技术，他甚至并不把这粒种子放在眼里，只把这粒种子跟那些平凡的庄稼栽在一起，该耕时就耕，该锄时就锄，结果种子却发了芽，开了花。童话以夸张的手法，以一粒种子的奇特遭遇，形象地说明了自然适宜的环境对种子发芽生长的重要性。

差不多在同时期，叶圣陶当上了父亲。通过对自己幼子叶至善亲身的观察，他更坚定、充实了他的这种儿童观：儿童有着强烈的发现、探索精神，这种发现、探索精神是天赋的。写于 1921 年 1 月的现代诗《成功的喜悦》就再现了这一幕：

儿欲爬上凳子，
玩弄桌上摆着的
积木，摇鼓，小锡船，耍孩儿。
他右膝支着凳面，耸身屡屡，
可是力量不济，
不能成就他的尝试。

老太太看见了，
把他抱起来，让他坐上凳子。
她的动作十分轻易。
但是，这使他十分失意，
啼声乍发，身子一溜，
两脚又站在地上。

为什么啼泣？
要发展你独创的天才？
要锻炼你奋发的潜力？
要祈求你意志的自由？
要享受你成功的喜悦？

他不作什么说明，
只是继续他的尝试。
忽然身子一耸，两脚离地，
他又坐上了凳子。
玩具在他的手里，
笑容浮在他的两颊。

儿子要爬上凳子去玩桌上摆着的玩具，可是他力量不济，屡试不成。奶奶看见了，就去把他抱起来，让他坐上凳子。奶奶的好心帮助却使孩子十分失望，孩子放声啼哭起来。孩子继续他的尝试，直到他经过自己的努力坐上了凳子，玩具到了他的手里，这才笑容荡漾。孩童为何因大人的帮助而啼哭？叶圣陶在诗中揣度到："要发展你独创的天才？要锻炼你奋发的潜力？要祈求你意志的自由？要享受你成功的喜悦？"

叶至善在晚年撰文认为：这是父亲最好的一首教育诗。他说父亲是强调"应该让孩子发展自己去闯的本能，应该让孩子锻炼奋发的潜力，不要阻挠孩子祈求意志的自由，不要剥夺孩子享受成功的喜悦。我知道，父亲是不主张把我抱上凳子的"。

在对子女的实际教育中，叶圣陶也真正贯彻着这样的原则。叶至善小时候爱拆东西，有时拆得兴起，连家里的马蹄表都拆了。叶圣陶不是装作没看见，就是一笑了之。因为他知道，儿子拆了东西当然要想办法再装起来。一开始叶至善经常是满头大汗地忙活半天，仍然面对散落一地的零件发愁。拆拆装装多了，渐渐地摸索出了一些门道。上初中时，他居然按照杂志上的图纸，自己安装了一台矿石收音机。

"发现儿童，保卫童年"是一个世界性、跨世纪的课题。在中国，科学儿童观的确立同样十分艰难。叶圣陶终生倡导、反复传播着"儿童像种子"的科学儿童观。1956 年，叶圣陶发表《排除"空瓶子观点"》一文，批评那种把学生当作"瓶子""容器""把各种知识、各项道德条目装进去"的庸俗教学观，主张把学生看作"生活体"，是"有机的种子，本身具有萌发生长的机能，只要给以适宜的培育和护理，就能自然而然地长成佳谷、美蔬、好树、好花"。1983 年，叶圣陶在《吕叔湘先生说的比喻》一文中进一步指出："受教育的人的确跟种子一样，全都是有生命的，能自己发育自己成长的；给他们充分的合适的条件，他们就能成为有用之才。所谓办教育，最主要的就是给受教育者提供充分的合适条件。"

在教育观中占据着同样重要位置的是"教育要培养什么样的人"的教育目的观，它对一切教育行为起着引导作用。叶圣陶对此有着一贯的思考。经过对传统教育的深入反思，叶圣陶深刻地认识到：旧式教育是守着"古典主义"和"利禄主义"的，"可以养成记诵很广博的'活书橱'……可以养成或大或小的官吏以及靠教读为生的'儒生学员'；可是不能养成善于运用国文这一种工具来应付生活的普通公民"。早在1919年2月，叶圣陶在《今日中国的小学教育》一文中就明确提出："小学教育的价值，就在于打定小学生一辈子有真实明确的人生观的根基。"1934年5月，叶圣陶发表《教育与人生》一文，指出"学校教育的目的就在于使学生养成正确的人生观，因而不能不注意教育与人生的关系"。1935年他又强调："中等教育的目标不外乎给学生处理生活的一般知识，养成学生善于处理生活的一般能力，使他能够做一个健全的公民。"

作为教育对象的儿童像种子，有着丰富的可能性，而教育目的是要培养合格的公民，那么，作为培养孩子的教育过程应该是怎么一回事？叶圣陶先生孜孜矻矻，探索不止。终于在1960年代创造性地提出了"凡为教，目的在达到不需要教"的精辟论断。这样的"教"必然是引导学生进入"能够自己去探索，自己去辨析，自己去历练，从而获得正确的知识和熟练的能力"的一种境界的"教"。这样的"教"既有可能性，因为作为教育对象的儿童像种子；这样的"教"又有必要性，因为作为教育对象的儿童要成为社会够格的公民。至此，我们不难探觅到叶圣陶思想发展的内在应然逻辑。（见图1）"学生像种子"的儿童观正是这"不教"之"教"逻辑演绎的坚实基石。

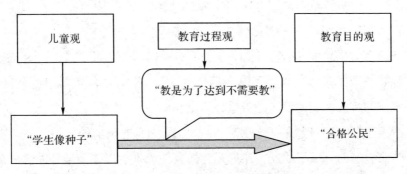

图1　叶圣陶"教是为了达到不需要教"教育过程观内在逻辑结构

二、儿童主体地位的确立是近现代教育与古代教育揖别的标志，叶圣陶"儿童种子观"在中国教育观念现代化演进的时空坐标中地位和价值同样重大

叶圣陶"学生像种子"的儿童观标志着其与传统教育观的决裂。他与五四新文化运动时期的一批思想文化先驱一起，开启了中国教育观念现代化的启蒙之路。

在古代，人们把儿童看作"小大人"。"小大人"跟大人没有本质的区别，"小大人"就是成人的预备。所以成人盲目对待儿童的成长过程，主要的教育方式便是将成人世界的内容灌输给儿童，因而这种教育是以成人为中心的，以成人世界的文化为中心的。儿童本位思想是现代教育观念的核心，儿童主体地位的确立是近现代教育与古代教育揖别的标志。近现代教育的儿童立场是在"儿童成长"取向与"知识灌输"取向的斗争中确立起来的。中西方教育思想的现代化进程遵循着同样的路径。

在西方，正如鲁迅先生在《我们现在怎样做父亲》中所言，"往昔的欧人对于孩子的误解，是以为成人的预备"。直到西方文艺复兴运动兴起，提倡人性，把人从神的桎梏下解放了出来。在发现"人"的同时也发现了"儿童"，提倡把儿童当人看，把儿童当儿童看。

西方近现代教育的儿童立场，在被人称誉为欧洲中世纪最后一位思想家，同时又是文艺复兴时期第一位教育思想家——夸美纽斯的《大教学论》（1632年）中初露曦光，在卢梭的《爱弥儿》（1762年）中孕育成型和诞生，在杜威（1859年）的教育学中发育成熟。

在《大教学论》中，夸美纽斯提出了"种子论""园丁说"等比喻，强调教育要"尊重自然、尊重儿童、信任儿童"，指出"教师是自然的仆人，不是自然的主人；他的使命是培植，不是改变……"

夸美纽斯师法自然的思想在卢梭那里得到了进一步的发展。在卢梭看来，儿童教育的首要目的就是保护儿童的自然天性，以逐步展开儿童的成长潜能。

对世界现代教育影响巨大的美国教育家杜威，其实用主义教育思想的产生也有着自然主义教育儿童观的源头，他认为儿童发展就是原始的本能生长的过程。在评价卢梭的《爱弥儿》一书时，他曾这样指出："我们现代追求的教育进步，其要点已经被卢梭一语道破。他认为不是把外面的东西强迫儿童或青年去吸收，而要使人类与生俱来的能力得以生长。卢梭以后的教育改革家无不注重从这个观念出发，去进行种种研究。"这其间，裴斯泰洛奇、福禄贝尔、蒙台梭利、苏霍姆林斯基等一系列具有国际影响力的教育家，对儿童和儿童教育的研究成果都表现出共同的取向。正如有学者所说："这一系列世界性教育家引领的教育观念现代化的路径，是由尊重儿童天性、以儿童为教育的中心这一观念来贯穿的。"

在长达几千年的中国封建社会中，儿童同样一直没有被给予必要的关注，"中国的误解，是以为缩小的成人"（鲁迅）。他们一直居于依附成人的从属地位。在近现代中国，儿童本位、儿童主体思想的产生决不是偶然的，它同样遵循着"发现'人'的同时发现了'儿童'"的规律。19世纪中后期，帝国主义的坚船利炮轰开了古老中国的国门，催逼中国开启了"传统社会"向"现代社会"的艰难转型。一批早早觉醒了的仁人志士开始了各种救国的尝试，其中就有人发现：想要变革中国社会，"首在立人，人立而后凡事举"（鲁迅）。作为爱国救亡的一次总爆发，五四运动轰轰烈烈，思想文化领域的革命更是风云激荡，批判的锋芒直指专制的封建制度和扼杀人性的封建礼教。与当时"人的解放"相呼应，"儿童解放"也成为五四运动的一大主题。1918年1月，《新青年》就专门刊登了征求关于"儿童问题"文章的启事。

其间，新文化运动的旗手鲁迅于1918年5月发表在《新青年》的白话小说《狂人日记》具有划时代的意义。该文深刻剖析封建礼教"吃人"的本质："我翻开历史一查，这历史没有年代，歪歪斜斜的每页上都写着'仁义道德'几个字。我横竖睡不着，仔细看了半夜，才从字缝里看出字来，满本都写着两个字是'吃人'。"在文中他发出了"救救孩子"的裂帛之声。"儿童问题"成为这位新文化运动旗手文学创作的重要主题，"幼者本位"

是这位中华民族现代启蒙者思想的重要组成部分。

不得不提及的是同时期的另一位启蒙思想家、中国现代"儿童文学"研究鼻祖——周作人。他结合"儿童文学"研究，大力倡导"儿童本位"的新儿童观。他认为："儿童是完全的个人，有他自己内外两面的生活"，"自有独立的意义与价值"。他吸收西方进化论和人类学中的复演论思想，认定个体的童年与人类的童年相仿，儿童像原始人。他强烈反对儿童教育的成人化，倡导教育的非功利倾向，倡导通过提供"无意思之意思"的读物，满足"空想正旺盛"的儿童的要求。

在这场新文化运动中，经由鲁迅、周作人、郑振铎等文化先驱的倡导，全新的儿童观念得以传播。跻身其间的，自然有新文化运动的战士叶圣陶。他在儿童文学创作与理论研究、教育实践与理论研究等多个领域，倡导、践行自己的"儿童种子说"，与时代共鸣，厥功至伟。

回顾中西方现代教育思想之肇始，我认为：它们同样具有在发现"人"的同时发现"儿童"的特征。筚路蓝缕，以启山林。中国教育观念现代化的路径，同样是由鲁迅、周作人、郑振铎、叶圣陶、陶行知、丰子恺等一系列近现代文化、教育先驱倡导的"尊重儿童天性、以儿童为教育的本位"观念引领而来，它与世界现代教育大潮有着共同的走向。因此，观照中国教育观念现代化进程的时空坐标，叶圣陶"儿童种子观"在其中起着奠基作用，其地位和价值同样重大。

三、发挥叶圣陶"儿童种子观"在教育现代化新进程中的观念引领作用，切实把握弘扬叶圣陶"儿童种子观"的实践要义

教育对经济社会发展具有先导作用，在民族复兴的伟业中，教育肩负着重大的责任。追寻叶圣陶这位跨世纪教育家"儿童种子观"产生的宏大背景，把握其内外价值，对推进教育现代化新进程有着重要意义。

（一）发挥"儿童种子观"在教育现代化新进程中的观念引领作用

为何"在发现'人'的同时发现'儿童'"这一点，中外教育概莫能

外？为何都是在思想文化大启蒙时期才萌发"发现儿童"的思想？马克思主义经典著作《马克思恩格斯选集》中深刻揭示了物质生活的生产方式对精神生活的制约作用："物质生活的生产方式制约着整个社会生活、政治生活和精神生活的过程。不是人们的意识决定人们的存在，相反，是人们的社会存在决定人们的意识。"从历史唯物主义的高度分析，我们可以认识到，上述现象的出现，其实质是，伴随着以农业和手工业为代表的传统社会向机器化大生产为代表的现代社会转型，人类在挣脱人身的依附和控制的同时，精神上也必然要挣脱封建专制和宗教统治的束缚。正如歌德的《浮士德》中描述的"凡是赋予整个人类的一切，我都要在内心中体味参透，保留在我精神的天地之中，在我心中堆起人类的苦乐，让我自己的自我发展融入人类无束缚的自我……"，生产力和生产方式的转变，机器化大生产的出现，使人类主体精神出现急速的萌生、成长。康德在《历史理性批判文集》中谈到"何谓启蒙"时也指出："启蒙运动就是人类脱离自己所加之于自己的不成熟状态。不成熟状态就是不经别人的引导，就对运用自己的理智无能为力……Sapereaude！要有勇气运用你自己的理智，这就是启蒙运动的口号"，"使人发现按照人的尊严——人并不仅仅是机器而已——去看人"。倾听、遵从自己内心的理性声音，从愚昧、卑微、盲从等软弱状态中抽离出来，使自身真正成为独立的、理性的自我命运的主宰，成为这样的时代人性的共同追求。从这个意义上说，主体性和现代性是同源的。儿童在依附和受控制方面，和成年人具有内在的一致性，都体现了"主"和"奴"的关系。至此，我们也就不难理解为何"发现儿童""儿童主体"成为近现代教育观念始终贯穿的主题。

当今中国，教育现代化建设进入关键期。实现教育现代化，首先教育观念要现代化。我们一定要坚定地继续秉持"发现儿童""儿童主体"这些现代教育观念的主题，一定要珍惜鲁迅、叶圣陶等现代思想文化先贤探索得来的科学"儿童观"的思想财富，以此来指导我们的教育现代化新事业。

（二）把握弘扬叶圣陶"儿童种子观"的实践要义

如前述，"发现儿童，保卫童年"是一个世界性、跨世纪的课题，在中国，科学儿童观的确立同样十分艰难。与100多年前的儿童相比，今天我们的儿童赖以生存的整体物质生活条件大大改善。但是，由于"学而优则仕"的传统观念、激烈的就业竞争、优质教育资源的短缺等多种因素的叠加影响，使得应试教育成为我国一时难以破解的难题，教育的功利倾向十分浓重，我国儿童的生存境遇比较严峻。美好的童年受到侵蚀，美好的童年在消失，"发现儿童，保卫童年"成为紧迫的现实课题。我认为，当今实践叶圣陶"儿童种子观"主要应把握以下要义。

1. 尊重"种子似儿童"的主体地位，与其建立民主、和谐的关系。

"儿童种子观"是一个比喻，其实质是确立儿童的主体地位。儿童的社会地位及相应的生存状态是衡量一个社会文明程度的重要标志。在专制社会，不仅占人口大多数的群体沦为社会不利阶层并变成少数优势阶层的附庸，而且，儿童沦为成人的附庸。在民主社会，不仅社会不同阶层之间共享的利益充分增加、互动更为自由，而且，儿童获得独立价值、内在价值，并与成人形成民主关系。这种民主关系集中体现在儿童与家长之间、儿童与教师之间。确立主体的儿童观，一定要把儿童当作独立、有自身尊严的主体对待。由于儿童年幼，身体上弱小，不能完全自己照料自己，经济上没有独立能力，需要家长照料、抚育，需要社会的代表——教师担起教育的重任，这些都是儿童的权利，社会、成人的职责。我们不能把这种职责当作社会、家庭、成人的恩赐。

2. 把握"种子似儿童"的特性，掌握与儿童相处之道。

"儿童种子观"作为现代教育观念的隐喻表述，其理念在实践中如何贯彻？

"儿童种子观"借种子这一喻体旨在揭示儿童发育成长的规律，其主要意旨是：种子般的儿童有自动生长的潜能，种子般的儿童有自我生长的节律。

国内韩身智、路强等学者，在剖析阻碍我国教育发展的深层因素时指出："中国的教育在自然人的社会化以及在教育发展的过程中，掺入了过多主观的甚至是意识形态的因素，人的生物性及其进化的内涵被过分地压抑和忽视，使得教育越来越无法实现其教化与解放人的功能。"人类是自然进化和文化进化的双重产物。自然进化极其漫长且具有连续性，文化进化短暂却迅猛异常，令人"无暇应对"。人类面临的困境是无法以亿万年积淀的"自然进化基础"迅速适应短短数百年形成的现代"文化进化环境"，这已成为当今社会实现科学发展的瓶颈。随着时代的进步，当代文化人类学、胚胎学、脑科学、精神分析学等多学科的研究成果为"儿童种子观"提供了科学的理论支撑。综合吸收这些成果，可以进一步增强我们对落实"儿童种子观"的理性自觉和实践自信。

按照文化人类学的观点，个体生命的成长是对类的发展历史的复演。人胚发育是对人类产生以前的整个生命史的复演，出生后的个体发展则复演了人类进化的过程。

这一观点的代表人物是美国心理学家霍尔，他把进化论思想引入人类心理的领域，提出的"复演论"深刻揭示了儿童的特征。他认为：个体的成长是对类的历史发展的复演。胎儿在胎内的过程是复演从原生生物到人类的进化过程。而出生以后的发展则复演了人类进化的过程。与人类总体进化历程相比，人类个体的发育生长在程序上、环节上并没有减少，只是在时空上进行了巨大的压缩。婴儿逐渐发育到最终能够直立行走的过程，很奇妙地复演着从四足动物到猿猴类，再到直立人类进化的长期历史。童年期、少年期和青春期，它们分别复演着人类进化过程中的猿人、野蛮人及早期文明人的阶段。人类种系发展史上最早出现的活动，在个体的发育和发展中最先表现出来；而对于人类来说，后来出现的类似语言、意志等的活动，在个体年龄较大时才能出现。儿童时期反映人类的远古时代，表现远古时代人类的特性。到青年期，才有比较高级的、比较完全的人性产生出来，它们是比较新近的祖先特性的反映。

虽然霍尔将个体发生与类的发生完全等同，显得过分机械教条，忽视后天社会、环境、个体自身对人的发展的主动作为，从而会引向生物决定论，导致一种宿命论，因此遭到了一些学者的强烈反对。但他的理论可以给我们两大启示：一是生命在发展演化过程中具备一种生命智慧的自我保存机制，二是个体生命孕育发生与发展过程中必然遵循与类的发生一致的总体趋向。

其实，恩格斯就曾有过这样的论断："正如母腹内的人的胚胎发展史，仅仅是我们动物祖先从虫豸开始的几百万年的肉体发展史的一个缩影一样，孩童的精神发展是我们动物祖先、至少是比较近的动物祖先的智力发展的一个缩影，只是这个缩影更加简略一些罢了。"

"复演说"成为人类学、社会学、艺术学等各学科关注的焦点与研究的方法论思路，弗洛伊德意识的三层次、荣格的集体无意识概念与这一思想也是可以相互阐释的。更重要的是，现代脑科学的研究成果也为"复演说"提供了实证支撑。

美国国立精神保健研究所脑进化和脑行为研究室主任麦克莱恩研究发现，大脑皮层分为古皮层、旧皮层、新皮层三重结构。这三重构造是按人类进化顺序而来的，生物进化的历史便直接刻画在人类的脑结构中。新皮层是后天进化的产物，主司情感的大脑部位还更为原始，表明情绪的出现比理智、认知要早。（见图2）

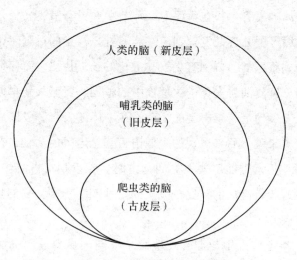

图2 大脑皮层三重结构示意图

因此，童年是儿童以某种压缩的方式重新经历人类漫长进化过程的一段人生历程，重演人类早期的功课，继承了整个生命进化过程中保留下来的宝贵资源，是历代生命的代言人。这就是儿童具有巨大潜能的原因所在，否则无法解释。儿童是成人之父，是社会财富中最大的财富。

个体精神的发育同样重演着人类精神的系统发育，这决定了出生后个体生命的成长是一种"有秩序的表达"，具有自我生长的节律。因此，经过多年研究，我提炼出了儿童发展的"特定发展任务优势表达特征"的观点，其要旨是：自出生后至青年初期的近 20 年间，儿童发展过程中面临着"身体运动与感官发育"和"感性经验的获得与积累""符号学习与理智能力的开发""社会规范和价值感的培养""生存意义与境界的提升"等多重任务，这些特定的发展任务随着年龄增长逐级而上，在特定的年龄阶段具有特定的优势表达特征（见图3）。教育就要遵循特定发展任务在特定的年龄阶段特定的优势表达特征，既不能滞后又不能超前——这应该是教育的第一规律。这是我旨在揭示儿童生长主要节律的初步成果。

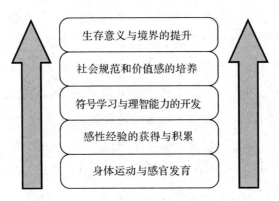

生存意义与境界的提升

社会规范和价值感的培养

符号学习与理智能力的开发

感性经验的获得与积累

身体运动与感官发育

图3　儿童不同年龄阶段发展优势表达特征图

在对这种节律的把握过程中，特别要重视儿童早期"身体运动与感官发育"和"感性经验的获得与积累"发展任务的重要性。当今中国，读书求功名的传统、落后的教育观念、优质教育资源的缺乏等本土因素与科技理性至上、效率优先、追求竞争等现代病源联姻，使得知识学习被空前强化并且大大提前，儿童的身体发展被大大忽视，其危害还没被人们充分认识到。

人类是自然进化加上文化进化的双重产物。正如马克思所说："人的感觉、感觉的人性，都只是由于它的对象的存在，由于人化的自然，才产生出来的。五官感觉的形成是以往全部世界历史的产物。"人的感觉决不仅仅是感觉器官自身发展的产物，还是人类在改造客观世界的实践活动中逐渐形成的。人类在改造客观世界的同时，改造着自身的感觉能力，也改造着自己的整个肉身。人的感觉器官、肉体包含着"以往全部世界历史"。我们不能只把感觉器官、身体看成纯物质的东西。人体作为自然存在物的生物性的结构及其生理机能，因其"属人的本质力量"（这种属人的本质力量无疑乃是人的精神或文化的力量）的参与或介入，已完全不同于原始性的生物界的。人的生物性的生理机体及功能，因其置身其中的"人化了的自然"而被赋予了文化的属性，即被精神化了。正是由于人类在漫长的进化过程中实现了生物性与精神性的融合与统一，从纯粹自然界的进化中所演绎出的普遍性的、生物性的生命，在人那里已经发生了根本性的变革。

儿童期是儿童对人类自然进化和文化进化历程的"叠合复演期"。个体生长发育的早期是身体发育的重要时期，同时也是人体感官内源性精神的发育期。很多人抱着严重的"知识取向"，认识不到儿童身体和感官的重要价值，早早就对儿童开始了认字读书和知识灌输。这样的做法，既收不到知识教育的效果，又贻误了儿童身体和感官发展的大好时机，阻塞了儿童日后真正学习知识的通道。心理学研究发现，儿童敏感期表明了这种发育的节律性。现如今"不让孩子输在起跑线上"的家长和迎合功利的学校、幼儿园，早早地对儿童进行智力开发、强化知识的学习、机械的艺术技能训练，在培育了一批"早熟的小大人"的同时，也给孩子带来巨大的痛苦和伤害。现实的事例不胜枚举。这就是"超前教育"的错配，严重违反了教育的规律。

弗洛伊德的精神分析学揭示了这种教育的危害根源。弗洛伊德认为，人的一切心理现象的发生其实质是力比多（libido）的表达释放。力比多是一种本能，一种普遍的生命力，是人一切心理现象发生的驱动力。一个人的力比多是有限的，某一心理活动长期占用了它，其他的方面就会枯竭。但其不愿被长期剥夺，终将奋起反抗。最终，某一方面的力比多的枯竭使该心理功能逐渐沉沦于意识的阈限之下，最终消逝于无意识之中。精神分析学透彻解释了运动、游戏、探索性活动对于儿童身体、精神发育的内在价值，也是对错过儿童发展敏感期危害最深刻的揭示。

　　心忧家国众生的博大襟怀，使得伟人登上时代的高峰，在黎明前的黑暗中最先看到新世纪的曙光。叶圣陶中学毕业时就立下"此生定当从事教育，以改革同胞之心"的志向，反思、批判、学习、创新，走在了思想文化革新的前沿，与其他先贤一起在上个世纪交替之际，共同开启了中国教育思想现代化之路。中国近现代社会转型的任务与使命仍未完成。先贤已逝，思想弥新。叶圣陶"儿童种子观"仍旧惠泽于当代，启迪着后人，值得我们好好珍惜、大力弘扬！

第五讲　国文是工具也是发展儿童心灵的学科

——叶圣陶语文教育思想研究

作者简介

　　杨斌，江苏省语文特级教师、教授级中学高级教师，苏州大学兼职硕士生导师，享受国务院政府特殊津贴。现任职于江苏省苏州第一中学，江苏省叶圣陶教育思想研究所。

　　主要研究方向：语文教学、教育美学和叶圣陶教育思想研究。在《教育研究》《中学语文教学参考》《语文教学通讯》等刊物发表近100篇研究论文，出版《发现语文之美》《教育美学十讲》《李泽厚学术年谱》等多部作品。

以 1980 年《叶圣陶语文教育论集》的出版为主要标志，我国语文教育界曾出现过一波学习、实践叶圣陶语文教育思想的热潮。这对于叶圣陶语文教育思想的普及具有重要的推动作用。叶圣陶作为一代语文教育大家，从此走进了当代语文教育界。但是，由于当时种种历史条件的局限，人们还没有从更高的层面去认识叶圣陶的语文教育观，缺少从其教育思想、教育哲学的高度进行"透视"，从而出现了某些未必完全适当的提炼和概括。这种局限很快就暴露出来。其一，由于仅仅停留在如何提高语文学习效率层面（这在当时历史条件下是需要的），对"技"的关注远甚于对"道"的探究，不免失之于片面，因此缺乏深入持久推进的后劲和动力，一阵风之后便偃旗息鼓。其二，由于学习研究不够深入，也由于语文教育的内外部环境产生了深刻变化，语文教育出现了诸多问题和弊端，以致引来一些对叶圣陶语文教育观的非议和责难。有鉴于此，本文在讨论叶圣陶语文教育思想时，试图在学术界已有研究成果的基础上，努力从叶圣陶"为人生"教育思想的高度，重新"发现"叶圣陶语文教育思想，尽可能全面准确地还原叶氏语文教育观之本来面貌和历史价值。

一

多年来，有关叶圣陶语文教育思想的研究成果可谓汗牛充栋。其影响较大者，我以为主要有三：一是 1980 年吕叔湘先生为《叶圣陶语文教育论集》

作的序言；二是 1994 年顾黄初先生出版的《叶圣陶语文教育思想讲话》；三是 1998 年董菊初先生出版的《叶圣陶语文教育思想概论》。

先说吕叔湘先生的序言。1980 年，教育科学出版社成立伊始，出版的第一本书就是《叶圣陶语文教育论集》。这是在语文教育界曾引起广泛关注、产生重要影响的一本书。吕叔湘先生为该书写的序言不足四千字，却因为涉及为叶圣陶语文教育思想"命名"这一重大问题，从而产生了绵延不绝的深刻影响，近些年来甚至聚讼纷纭，引发重重波澜。吕先生在序言中说："通观圣陶先生的语文教育思想，最重要的有两点。其一是关于语文学科的性质：语文是工具，是人生日用不可缺少的工具。其二是关于语文教学的任务：教语文是帮助学生养成使用语文的良好习惯。过去语文教学的成绩不好，主要是由于对这两点认识不清。"

要紧的主要是第一点，即关于语文学科的定性。尽管叶圣陶在文章和谈话中多次说过语文是工具之类的话，但是明确地把语文学科定性为"语文是工具"却是第一次。所谓性质，即事物的本质，是一个事物区别于其他事物的根本属性。从这个意义上说，性质与特性、特质、特征、属性、特点等都不相同。显然，吕先生这里是把"工具性"作为语文学科的根本属性而加以强调的。所谓语文"工具论"，其源头概出于此。这个概括，由于吕叔湘先生的特殊社会地位和学术地位，让"工具论"产生了广泛而深刻的社会影响。

其次是顾黄初先生的《叶圣陶语文教育思想讲话》。全书七万四千字，应该说是薄薄的一本小册子，共十六讲。顾黄初没有对叶圣陶语文教育思想作理论概括，也没有试图去为之作体系构建，而是紧贴叶圣陶的原著，从一篇篇文章或一次次讲话入手，客观地介绍叶先生的观点，然后层层剖析，深入解释其对于语文教学的意义和价值。主要内容有：培养能力和形成习惯；着力于全面训练；教材无非是例子；提倡读点"整本的书"；预习；讨论；精读与略读；说话训练；作文教学等。顾先生是扬州大学语文教材教法的教授，也是一位颇有建树的学者。值得注意的是，顾先生的这本"讲话"出版于 1993 年，但是却没有沿用吕叔湘先生为叶圣陶语文观定性的那段话。该书特色我以为有三点：其一，对叶氏语文观的剖析客观公允，有一分证据说一分话，紧贴论者原著说话。这是科学的态度，严谨而公允。其二，把叶圣陶语文教育观放在语文教育的学术背景中展开，即多从语文教育的方法论角度切入，着力揭示叶氏语文观对于语文教育教学的启迪。换言之，这不是一本单纯理论研究的书，而是处处着眼于对语文教育教学实践发挥启迪作用的书。其三，顾先生用了两章（即第十五讲、十六讲）的篇幅，突出论述了"关键在于提高教师的素养"和"一代宗师的品格"两个问题，我认为这是很有见地的。顾教授强调指出："早在二十年代，叶氏就通过自己的著名长篇小说《倪焕之》，提出了他对于教育工作的独到见解。他说：'教育事业是要养成"人"的，——"人"应该把他养成怎样？"人"应该怎样把他养成？——这非有理想不可。'"顾教授特别引用的这段话，我以为是别有深意的。一方面是强调教师修养的重要性，另一方面是不是也包含了他对叶氏语文观的一种理解。

再说董菊初先生的《叶圣陶语文教育思想概论》。全书近 15 万字，共十二章，叙论阐述叶氏语文教育思想的特色、意义以及撰写该书的缘起和方法论原则。二、三章叙其实践基础和社会基础，史料十分翔实。四章至十章是该书的主体，着力于叶氏语文观的理论构建，分别为：教育哲学、教学原则、阅读教学、写作教学、听说教学、书法教学、教材建设。最后两章分别讲教师修养和继承发展。该书最具见识的应该是第四章的"教育哲学"，共分六论："教期于无教"论（即"教是为了达到不需要教"）、学生本位论、生活本源论、实践本体论、习惯本旨论、工具本质论。应该说，这六论大致抓住了叶圣陶教育思想的核心主旨，虽然本书专论叶圣陶语文教育思想，但通过对叶氏教育哲学观的梳理，为细致剖析其语文教育建立了严谨的体系框架和坚实的理论基础。我也非常赞同这个研究思路，即要想深入领会叶氏语文观，必须将其置放在叶圣陶整体教育思想视阈下予以观照，否则，极容易只见树木不见森林。当然，也有遗憾之处，如这六点教育哲学观之间是什么关系？是否还有一个能够统摄这六点的总体教育观？这一点，董先生没有作出概括。但瑕不掩瑜，该书以其翔实的史料，平允的论述，严谨的梳理，成为研究叶圣陶语文教育思想的一个重要参考文献。

二

要讨论叶圣陶对语文教育思想的贡献，首先得从"语文"学科的命名开始。1905 年，清政府废除科举制度，全国开始开办新学堂。当时的课程乃至教材，都从西方引进，只有语文一科，教授内容仍是文言文，称为"国文"。五四运动后，提倡白话文，反对文言文，国文课受到冲击，小学将国文改称为国语，侧重学习白话文，中学仍称国文，以学习文言文为重点。1930 年代后期，叶圣陶、夏丏尊二人提出"语文"的概念，并尝试编写新的语文教材，可惜因日本侵略中国而被迫中止。1949 年 6 月，当时华北人民政府教育部教科书编审委员会着手研究通用教材，叶圣陶再次提出将"国语"和"国文"合二为一，改称"语文"。这一建议被教育机关采纳，随后推向全国，从此，"语文"成为中小学母语课程通用名称。1949 年 8 月，叶圣陶主持中小学语文科课程标准起草工作，并编撰《中学语文科课程标准》（后改称《教学大纲》）。《中学语文科课程标准》始用"语文"一名。叶圣陶曾解释说："前此中学称'国文'，小学称'国语'，至是乃统而一之。彼时同人之意，以为口头为'语'，书面为'文'，文本于语，不可偏指，故合言之。亦见此学科'听''说''读''写'宜并重。"关于"国语""国文"和"语文"内在规定性的差异，以及对语文教育之质的潜在影响，功过是非，尚是一个有待进一步探讨的重大问题。但有一点是明确的，即"语文"一词之首创，非叶圣陶、夏丏尊莫属。关于叶圣陶语文教育观，择其要概括为如下几点：

（一）国文是发展儿童心灵的学科

1922 年 1 月，叶圣陶发表《小学国文教授的诸问题》，深刻分析当时小学国文教学"不以儿童本位为出发点""不明白国文教授之真作用"的两大病根，明确指出："第一须认定国文是儿童所需要的学科。""第二，须认定国文是发展儿童的心灵的学科。……学童所以需要国文，和我们所以教学童以国文，一方面在磨练情思，进于丰妙；他方面又在练习表出情思的方法，不至有把握不住之苦。"1923 年，叶圣陶在他撰写的新学制《初级中学国语课程纲要》中，把"使学生有自由发展思想的能力""有研究中国文学的兴趣"列为四项目标中的两项。

叶圣陶对语文教学的这一深刻认识，同他对教育的本质认识完全一致，即"各种功课有个总目标，那就是'教育'——造成健全的公民"。国文教学关注学生的心灵发展，也关注人的精神和思想发育，关注人的自身发展。

（二）国文是语文学科，有其独立之任务

1940 年 8 月，叶圣陶在《国文教育的两个基本观念》一文中，阐述了关于国文教学的两个基本观念。"第一，国文是语文学科，在教学的时候，内容方面固然不容忽视，而方法方面尤其应当注重。第二，国文的涵义与文学不同，它比文学宽广得多，所以教学国文并不等于教学文学。"叶圣陶认为，"国文教学自有它独当其任的任，那就是阅读和写作的训练。学生眼前要阅读，要写作，至于将来，一辈子要阅读，要写作。这种技术的训练，他科教学是不负责任的，全在国文教学的肩膀上"。强调语文学科有其独当之任，即凸显语文作为生活工具乃至人生工具的特性，也即后来被强调到极致的所谓"工具论"。

在此，叶圣陶指出了国文教学作为一门学科的独立价值，即要为学生一辈子的阅读写作打好基础。基于这一认识，叶圣陶不赞成中小学国文教学专讲文学，他说："文学只是其中一个较小的范围，文学之外，同样包在国文的大范围里的还有非文学的文章，就是普通文。这包括书信、宣言、报告书、说明书等等应用文，以及平正地写状一件东西载录一件事情的记叙文，条畅地阐明一个原理发挥一个意见的论说文。"国文既是发展儿童心灵的重要学科，也是人生应付生活的必需工具，表现出叶圣陶对语文学科性质的辩证认识。

（三）国文教学必须抛弃旧式教育的古典主义和利禄主义

1942 年 8 月，叶圣陶在《国文杂志》发刊词中，对国文教学承袭旧式

教育传统提出激烈批判："旧式教育是守着古典主义的：读古人的书籍，意在把书中内容装进头脑里去，不问它对于现实生活适合不适合，有用处没有用处；学古人的文章，意在把那一套程式和腔调模仿到家，不问它对于抒发心情相配不相配，有效果没有效果。旧式教育又是守着利禄主义的：读书作文的目标在取得功名，起码要能得'食廪'，飞黄腾达起来做官做府，当然更好；至于发展个人生活上必要的知能，使个人终身受用不尽，同时使社会间接蒙受有利的影响，这一套，旧式教育根本就不管。因此，旧式教育可以养成记诵很广博的'活书橱'，可以养成学舌很巧妙的'人形鹦鹉'，可以养成或大或小的官吏以及靠教读为生的'儒学生员'；可是不能养成善于运用国文这一种工具来应付生活的普通公民。"必须有正确的认识，国文教学才有成绩。而达到正确认识的先决条件，就是抛弃旧式教育的古典主义和利禄主义。"

传统语文教育有精华也有糟粕。叶圣陶针对旧式语文教育脱离现实生活，把语文异化为博取功名利禄的弊端，鲜明地提出语文教育的根本目的和价值是"养成善于运用国文这一种工具来应付生活的普通公民"这一观点，既反映出对语文学科本质的独到认识，又体现了对现代教育目的和价值的深切把握。

(四) 固本培根、科学有效的阅读和写作教学观

阅读观：通过文字桥梁，把握意义情味。叶圣陶认为，阅读是读者和作者双向交流的过程，也是读者通过文字走进作者心灵的复杂心理过程。叶圣陶主张的阅读教学方法主要是：鉴赏、想象、涵咏、揣摩、讨论、吟诵。在亲近文字的阅读过程中，不断培养和训练语感。应该说，这些方法承继了传统语文教育的优良传统，是符合汉民族语文学习规律的经验之谈。

作文观：修辞立其诚。"诚"是叶圣陶一以贯之的做人准则。作文贵在"立诚"也是叶圣陶重要的作文教学思想。1924年，叶圣陶在《作文论》中指出："既然要写出自己的东西，就会连带地要求所写的东西必须是美好的；假若有所表白，这当是有关于人间事情的，则必须合于事理的真际，切乎生

活的实况；假若有所感兴，这当是不倾吐不舒快的，则必须本于内心的郁积，发乎情性的自然。这种要求可以称为'求诚'。""要写出诚实的、自己的话，空口念着是没用的，应该去寻到它的源头，有了源头才会不息地倾注出真实的水来。""这源头，……就是我们的充实的生活。生活充实，才会表白出、发抒出真实的深厚的情思来。"1940 年 12 月，叶圣陶在《论写作教学》一文中再次指出："训练学生写作，必须注重于倾吐他们的积蓄，无非要他们生活上终身受用的意思。这便是'修辞立诚'的基础。……日常应用与立言大业都站在这个基础上，又怎能不在教学写作的时候着意训练呢？"叶圣陶的作文"立诚论"，继承了中国传统文化"忠恕""诚敬"的思想精华，更为注重从生活这一本原去汲取营养，增加阅历，去培植求真、立诚的根本，把写作和做人完美地统一了起来。

三

以上对叶圣陶语文教育观作了扼要的概括和解释。长期以来，提起叶圣陶的语文教育思想，人们总是习惯于归纳为"工具论"。对此，有必要予以辨析和理清。

的确，叶圣陶在不同时期不同背景之下，曾多次说过"语文是工具"之类的话，但叶圣陶从来没有把语文教育本质归结为"工具"。最早作出这样归纳的，如前所述，大概源自吕叔湘为《叶圣陶语文教育论集》所作的序。对此，学者张哲英在《清末民国时期语文教育观念考察——以黎锦熙、胡适、叶圣陶为中心》一书中曾经指出："对于第一点，吕先生的概括似有简单、宽泛之嫌；对于第二点，吕先生的概括却是实实在在地抓住了叶圣陶教育思想的重要内容。"张哲英认为，吕叔湘的序对于学习叶圣陶语文教育思想起到了一定的推动作用，但同时，因为这观点源自于"集子"里的文章，难免有局限性；并且，由于《叶圣陶语文教育论集》的编选极大地受到当时时代的影响，因而要纠正"文革"期间"左"的流毒，恢复语文教育到1963 年的"工具论"。应该说，这一评价还是中肯的。

新课改开始后，有人列举出语文"工具论"的种种负面影响：语法教学盛行；淡化"丰富的精神和文化内涵"；"不引导学生与文本的内容亲密接触，与作者进行心灵的对话和情感的交流"等等，认为只有走出"工具论"的窠臼，才能使语文教育走出困境，认为叶圣陶的"工具论"思想是导致语文教育陷入困境的根源。同时，也有人认为，"语文教学长期以来不能走出少、慢、差、费的低谷，原因是复杂的，但关键之一还在于没有认真践行叶圣陶的语文工具观。语文教学的最基本任务应该是帮助学生掌握和运用好祖国的语言文字，只有在这个基础上，才有可能去实现其他的教学功能"。认为现在的语文教学之所以问题重重，就是因为没有全面坚持叶圣陶的语文"工具论"思想。

为什么我们对叶圣陶语文教育思想会得出如此大相径庭的结论？我认为，根本原因在于对叶圣陶语文教育思想尤其是所谓"工具论"思想认识偏颇。其一，叶圣陶语文教育思想是一个思想体系，不应脱离特定的历史条件机械理解"工具论"。应该说，"语文是工具"的确是贯穿叶圣陶一生的基本语文教育观点。但实际上，不同时期的言论都有其不同的现实针对性，而且随着自己的体验与认识的深入，其内涵也不断丰富和深入。学术界研究成果显示，20世纪40年代叶圣陶提出"语文是应付生活的工具"，针对的是旧式教育的古典教育、利禄教育的陈腐教育观，因而提出："国文，在学校里是基本科目中的一种，在生活上是必要工具的一种。"这里，显然是在强调语文在教育科目和学生人生中的重要性，是在为语文争取独立地位。五六十年代，语文教育受极"左"思潮影响，片面强调政治思想，教学质量下降，叶圣陶提出"语言是思维工具"，又是"表达、交际和交流思想的工具"。这在当时无疑具有重要的纠偏作用。"文革"结束后，针对语文教学园地的荒芜现象，叶圣陶再次提出"语文是工具"，并且阐述了语文也是学习其他学科的工具，做人的工具。由此可见，叶圣陶有关语文工具论的提出，每次都有其特定内涵，有着强烈的现实针对性，而且是顺应时代要求和历史潮流的。

其二，叶圣陶的"工具本质论"语文教育思想并非不讲人文精神教育。

有人诟病"工具论"的重要理由是淡化"丰富的精神和文化内涵"。那么，叶圣陶语文教育思想果真只讲"工具性"而不讲人文精神吗？非也。从20世纪20年代到1949年，叶圣陶曾制定过三个国文课程标准，没有一个不是强调人文精神教育的。在后来的论述中，叶圣陶也多次指出："工具"仅是比喻而已，思想、文字、语言三者是一贯的，不可分割的，"语言是思想的定型"。这怎么能说是不讲人文精神呢？叶圣陶所说的语言学习、训练是始终和对作品情感内涵的把握联系在一起的。他主张语言学习要注重"涵泳、体味""要理解得透，必须多揣摩"，欣赏文学作品"要善于驱遣想象"。如果认为叶圣陶语文观排斥人文教育，那显然是对叶圣陶语文教育思想的误解或者曲解。叶圣陶所反对的是把语言和情感、工具和人文割裂开来，他说："咱们决不能作二元论的想法，一方面内容，一方面形式，咱们只能够作一元论的想法，内容寄托在形式里头，形式怎么样，也就是内容怎么样。"［《叶圣陶集（第25卷）》］叶圣陶为自己的语文教育思想作了一个清楚的注脚。事实上，在叶圣陶的语文教育论著中，拥有大量语言学习和精神体味融为一体的成功例证。

因此，我认为，叶圣陶虽多次申述"语文是工具"的观点，但那只是在某种特定语境下对语文部分特性的形象性说明，如果一定要完整地概括叶圣陶对语文学科性质的认识，必须在叶圣陶教育思想视阈下作整体考察。我的观点是，应该用两句话来概括，即：国文既是发展儿童心灵的重要学科，又是人生应付生活的必需工具。我想，这才是和叶圣陶教育思想相一致的语文教育观。吕叔湘先生关于"工具性"的概括，一方面是源于如前所述当时特定的时代背景，语文学科迫切需要加强"双基"，提升能力，这在当时还是产生了重要积极的影响的；另一方面是不是也与吕叔湘先生作为语言学家而且主要教育经历都是英语教育的学术背景有着深刻的内在联系？换句话说，在语言学家吕叔湘心中，语言就是一门工具学科。而这种概括，其实和叶圣陶的语文教育思想之间，还是有一定的隔膜、间隔和疏离的。当然，若干年后，围绕"工具论"产生了激烈的论争，则是社会发展到一定阶段，教育和社会不相适应的矛盾的大爆发，其实这已经与"工具论"本身，甚至与语文学科自身都关系不大了。

当然，在今天的时代语境中，回望叶圣陶语文教育思想，有没有需要我们去超越的地方呢？我以为确实是有的。其一，叶圣陶对听说读写都十分重视，把"听说"和"读写"放在相同的高度，我个人觉得不是很合宜。学生的语言表达应该重视，说话训练应该成为语文课的任务之一，但是，相比之下，读和写还是要比听和说重要得多。其二，叶圣陶认为"写"仅是对"说"的记录，即"口头为语，书面为文"，这对书面语言——文字的重要意义是认识不足的。叶圣陶在《写作是极平常的事》中说："写作就是说话，为了生活上的需要，把自己要说的话说出来；不过不是口头说话，而是笔头说话。"对于语文学习者而言，书面表达——对文字的娴熟运用，是一项非常艰苦的任务，绝不是仅仅记录口头语言而已。这一点，朱自清的认识就比叶圣陶要全面和辩证一些。朱自清在《中学生的国文程度》中说："但说的白话和写的白话绝不是一致的；它们该各有各的标准。说的白话有声调姿势表情衬托着，字句只占了一半。写的白话全靠字句，字句自然也有声调，可并不和说话的声调完全一样，它是专从字句的安排与组织里生出来的。字句的组织必得在文义之外，传达出相当于说话时的声调姿势表情来，才合于写作的目的。"显然，朱自清对写作和说话的区别有着十分清楚的认识，而且明确认为写作比说话要复杂艰苦得多，因此提出写作的思路、文脉等问题。由此想开去，我们知道，朱自清对经典阅读的重视，也要远甚于叶圣陶。

四

最后，我想说一说叶圣陶语文学派的问题。

作为语文教育家的叶圣陶，事实上可能具有其他许多人都无法相比的独特优势。幼时苦读经典五年，为叶圣陶打下了坚实的国学基础；几十年躬身从事大中小学语文教育的实践，使他在语文教育方面积累了许多切身经验；长期编辑中小学语文教材，多了一份别人所没有的透视语文的"视角"，尤其是，叶圣陶具有丰富的文学创作成功体验，这无疑使他对汉语文特点和规律有着独到而深刻的把握和领悟。我们无法说清楚作为优秀作家对母语的这种把握和体悟在多大程度上影响和成就了作为语文教育家的叶圣陶，但无可置辩的是，叶圣陶对语文乃至许多教育关键问题的认识，与他汉语创作的成功体验是密不可分的。比诸那些从书本到书本、从概念到概念，甚至把完全不同于汉文字的其他语言教学体系生搬硬套地移植到母语教学的做法，叶圣陶语文教学思想的巨大价值和独特优势是显而易见的。

但是，必须指出，叶氏语文观不仅属于叶圣陶，而且属于和叶圣陶同声相应、同气相求的一批人。换言之，属于叶氏语文学派。对此，顾黄初先生曾在《叶圣陶语文教育思想讲话》中列举出一批叶圣陶同时代的伙伴和密友：甪直五高时期的吴宾若、王伯祥，吴淞中国公学时期的舒新城、朱自清、周予同、刘延陵，浙江一师时期的夏丏尊、陈望道、丰子恺以及顾颉刚、郭绍虞等等，即所谓一师派、立达派、开明派的一批学术界著名人士。顾先生认为，叶氏成就的事业，是同这些语文界、教育界、出版界才华出众的人物的支持和合作分不开的。的确，叶圣陶一生朋友很多，但是若论把个人情谊同学术志趣完美结合的朋友，可能非夏丏尊和朱自清莫属。1921 年 7 月，叶圣陶在上海中国公学任教，结识了朱自清；1931 年，任开明书店编辑，订交夏丏尊。三人切磋砥砺，莫逆终生，成就一段杏坛佳话。夏丏尊1946 年去世，和叶圣陶交谊 15 年；朱自清 1948 年病逝，和叶圣陶交谊 27 年。据研究，叶圣陶写给夏丏尊的信件有 50 多封，诗 8 首，撰写有关夏丏尊的文章 12 篇；怀念朱自清的文章 13 篇，诗 8 首。

不仅如此，叶圣陶和夏丏尊或朱自清进行了长期卓有成效的学术合作，仅合著的书籍就达 14 种之多。其中重要的语文教育著作有：

《文章讲话》 夏丏尊、叶圣陶合著；

《开明国文讲义》 夏丏尊、叶圣陶等合编；

《文心》 夏丏尊、叶圣陶合著，朱自清作序；

《国文百八课》 夏丏尊、叶圣陶合著；

《阅读与写作》　　　　夏丏尊、叶圣陶合著；

《精读指导举隅》　　　　叶圣陶、朱自清合著；

《略读指导举隅》　　　　叶圣陶、朱自清合著；

《国文教学》　　　　　　叶圣陶、朱自清合著；

……

"嘤其鸣矣，求其友声。"老一辈学人之间，讲究的是以文会友，以友辅仁。叶圣陶和夏丏尊、朱自清之间深厚情谊的形成，既有他们性情淳厚、志趣相投的性格因素，同时也与他们的语文教育观有着高度一致的契合分不开。这一点不仅表现在他们有如上所述的众多合著，同时也在他们的各自著述中清晰地表现出来。发轫于 20 世纪初叶的现代语文教育，是一场重大的教育变革。一路走来，筚路蓝缕，面临着教育史上许多从未遇到过的历史难题，来自旧势力的重重阻挠和前进途程中种种无法避免的现代化陷阱，都使得那一代语文人义无反顾地成为语文教育转型的探求者和改革者。

这是历史赋予一代人的使命！

沧海横流，风云际会，大转折时代的苍黄风雨催生出一代语文教育家；而其中可以称之为学派的，我以为首推叶圣陶、夏丏尊、朱自清，似可简称之为叶氏语文学派，这应该是现代教育史上第一个具有学派意义的语文流派。关于学派的形成，有人认为大致有赖于师承、地域、问题三种因缘，因而学派大体上可归为三类，即"师承性学派""地域性学派"和"问题性学派"。如果此说不谬，那么叶氏语文学派当属"地域性学派"，也可说是"问题性学派"。他们从事中小学语文教育的地域主要是江浙地区，而由传统至现代的语文教育变革则是他们所共同面临的时代课题。

那么，叶氏语文学派具有哪些共同的思想倾向、精神特质和语文主张呢？

（一）现 代 意 识

叶圣陶、夏丏尊、朱自清都是时代之子、教育志士，救亡图存的时代浪潮是他们共同的生存语境，五四新文化运动是他们共同的精神血脉。1905年，19 岁的夏丏尊负笈东瀛，入东京弘文学院，1907 年考入东京高等工业学校；1907 年辍学回国后，即应浙江两级师范学堂之聘，担任国文教师，并积极投身教育改革，倡导白话文教学。为实现理想教育，夏丏尊还邀请一批志同道合的同志到春晖中学，在白马湖畔营造了一个名闻遐迩的教育环境。他在从日译本翻译的意大利亚米契斯所著的《爱的教育》一书中，领悟了"爱是教育的灵魂"的教育理念。"教育没有了情爱，就成为无水的池，任你四方形也罢，圆形也罢，总逃不了一个空虚。"夏丏尊写在译者序言里的这句话早已成为情感教育的经典名言。叶圣陶比夏丏尊小 8 岁。1912 年中学毕业前夕，叶圣陶写下"此身定当从事于社会教育，以改革我同胞之心，庶不有疚于我心焉"的豪言壮语，随即投身小学教育。1917 年，叶圣陶在甪直和志同道合的朋友们一起，开始了轰轰烈烈的教育改革运动，做了中国历史上从未有人做过的事。1919 年，叶圣陶发表第一篇教育论文《今日中国的小学教育》，提出"小学教育的价值，就在于打定小学生一辈子有真实明确的人生观的根基"。由此奠下了其"为人生"教育思想的第一块基石。朱自清 1916 年中学毕业并成功考入北京大学预科，在北大期间，积极参加五四爱国运动，嗣后又参加北大学生为传播新思想而组织的平民教育讲演团。投身新文学运动，其作品热切地追求光明，憧憬未来，有力地抨击黑暗世界，揭露血泪人生，洋溢着反帝反封建的革命精神。反对旧教育，提倡新文化，教育救国，培养公民的现代教育理念是他们共同的价值追求。因此，和旧式教育的科举应试、读经作文有霄壤之别，他们的语文教育观都具有鲜明的现代意识。

（二）文学底色

叶圣陶、夏丏尊、朱自清都是现代著名作家。叶圣陶、朱自清无须赘言，他们都以丰硕的创作成果跻身于现代文学名家之列。夏丏尊也是中国新文学运动的先驱者之一，文学研究会的第一批会员。1924 年翻译出版了《爱的教育》，影响了几代教育人；还曾翻译过日本田山花袋的《棉被》，是中国最早介绍日本文学的翻译家之一。夏丏尊的学术著作还有《文艺论ABC》《生活与文学》《现代世界文学大纲》等。"操千曲而后晓声，观千剑而后识器。"丰富的创作经历、深厚的文学情怀、成功的创作体验，这些无疑使他们对汉语文本质特征、审美特性和学习规律，有着别人所不曾有的独到而深刻的把握和领悟。首先，在教材编选上，文学作品占有相当比重。叶圣陶说过："小学生是儿童，他们的语文课本必是儿童文学，才能引起他们的兴趣，使他们乐于阅读，从而发展他们多方面的智慧。"当年，叶圣陶编写的《开明国语课本》受到社会普遍欢迎，其浓郁的文学特质是重要原因，更重要的是表现在其对学科性质的理解和把握上。"文字是一道桥梁。这边的桥堍站着读者，那边的桥堍站着作者。通过了这一道桥梁，读者才和作者会面。不但会面，并且了解作者的心情，和作者的心情相契合。"这是叶圣陶的话，其实也表达出他们共同的语文教育观。作者的心情，就是作者凭借文字营造出来的氛围、意境、思想、情感。概言之，是作者流淌在文字中的生命，是源自作者心灵的倾诉，或者说，就是作者的心灵；而触摸作者心灵的路径，就是文字。语文教育的全部秘密，就在于此。真理就是如此简单而纯朴。没有对文字奥秘和语言规律的深刻洞悉，是很难有如此切中肯綮之言的。

（三）民族传统

三人中，夏丏尊曾负笈东瀛，朱自清曾游历欧美，但时间都不是很长；而叶圣陶一直立足国内。无论出国与否，他们对西方现代教育理念都积极吸收，但同时，却又从不作"学究式"的概念推演和"书斋式"的坐而论道，而是深深植根于中国教育土壤，始终从教育教学实际出发，不断提出、探索和回答语文教育现实中的重大问题。他们都以自身深厚的国学素养为坚实依托，以丰富的汉语文学创作体验为经验源泉，以长期亲力亲为的教学实践和教材编辑实践为研究基础，接受西方先进理念但绝不照搬，从中国传统文化中汲取营养，孜孜探求契合汉语言审美特性、符合汉语言学习规律的现代语文教育方法，从而形成了具有浓郁中国特色和民族风格、包蕴深厚中国历史文化图景和现代文化底蕴的语文教育思想。即以教学方法论，譬如叶圣陶的"揣摩说"、夏丏尊的"语感说"、朱自清的"咬文嚼字说"，无一不折射出他们对汉语言文字特性的精湛把握和深刻领悟。应该说，这些方法承继了传统语文教育的优良传统，是符合汉民族语文学习规律的经验之谈。这样的语文学习，紧紧抓住"语言"这个抓手，深入体会语言的精神内涵，既有效提升语文素养，又深入感受语言深处蕴含的人文情怀。如此，母语的魅力和诗意都在语文学习过程中尽情彰显。走进语文，便是亲近母语，便是走进我们的精神家园。

如何认识叶圣陶、夏丏尊、朱自清语文教育思想的历史方位和当代价值呢？换言之，我们今天除了向先贤们表示仰慕和敬意之外，是否还有必要从他们的语文教育思想中汲取营养和智慧呢？当然，回答是肯定的。

从历史的角度说，叶圣陶、朱自清等人所处的时期，正是中国社会由传统向现代转型的肇始，语文（时称国文）教育也正如一个新生婴儿，旧时代之脐带和新时代之胎记相互缠结，经验和教训杂陈，辉煌和艰难并在。他们所进行的一切探索和创造，对于今天的我们，都是一笔宝贵财富，具有传承和借鉴的重大价值。尤其是，百年时光在历史长河中只是瞬间；相比他们的时代，今天仍处于同一历史转型时期，语文教育的现代转型仍在路上。昨天他们面临的问题今天同样存在，他们的思想和智慧对今天仍然具有深刻启迪。而把叶圣陶、夏丏尊、朱自清这三位思想一致、旨趣相同且又渊源甚深的语文大家聚焦在一起，作一学派意义上的集体亮相和整体观照，三家之言相互映衬、相互烘托、相互参照、相互诠释，则可更加凸显他们对语文教育的种种思考和主张，便于读者全面地而不是片面地、整体地而不是孤立地、辩证地而不是机械地学习其完整的思想体系。

从现实的环境看，语文教育一直是纷争不断、折腾最多而社会满意度较低的一个学科。也许是社会转型加速而颠簸加剧，语文的身影却总是荡秋千般地左右晃动，常常从一个极端走向另一个极端，一会儿强调语文的基础能力而忽视精神陶冶，一会儿高扬人文性旗帜而悄然丢弃了"语文"。平心而论，这种屡屡失衡现象的根源并不全在语文自身，社会对教育的制约作用往往因为语文学科的特殊性而变得格外敏感，但是，语文界本身也绝对难辞其咎。其最大错失，似乎就在于对母语教育传统尤其是现代语文教育传统的轻视、漠视甚或怠慢。母语教育的改革路径，理所当然地应当从本民族语文教育传统中汲取营养、传承经验，而不是生搬硬套其他语言系统的什么法则和定律。民国时期处于旧式教育向现代教育转变的关键节点，承前启后，民国语文是中国现代语文教育奠基的关键时期，积淀的语文教育经验十分宝贵。从某种意义（譬如学科教育）上说，那也是一个需要巨匠而且产生了巨匠的时代。叶圣陶、夏丏尊、朱自清就是那一批巨匠中富有典型意义的代表人物。

　　重新集结在叶圣陶、夏丏尊、朱自清的语文旗帜下，接续他们开创的现代语文教育传统，已然成为时代的召唤和历史的必然。

第六讲　课程旨在"造成健全的公民"
——叶圣陶课程思想研究

作者简介

　　陆平，江苏海门人。南京师范大学文学学士，教育学硕士；上海师范大学教育学博士。曾从事中小学语文教学与学校管理工作 17 年；现为南通大学教育科学学院副教授，硕士生导师，江苏情境教育研究所特聘研究员，江苏省教育学会语文课程与教学论研究中心常务理事，上海师范大学"中小学语文"国培项目专家组成员。主要研究方向为语文课程与教学论。主持或参与省部级课题 4 项，出版专著《语文教参论》，主编教材两部，发表论文 30 余篇。

课程是学校开展教育活动、实现教育目标的最重要的载体，是连接教师与学生的中介。课程改革是学校教育改革的核心环节。新世纪以来，我国全面展开了基础教育课程改革工作，中小学课程呈现出新的面貌。叶圣陶先生在 70 余年的教育生涯中，一直关注中国教育现实，在不同时期拟定过语文课程标准，就课程问题发表过许多真知灼见，涵盖课程价值、课程结构、课程内容、课程实施、课程评价等诸多方面，形成了系统、深刻的课程思想。发掘、继承并发展叶圣陶的课程思想，对于推进当前我国基础教育课程改革工作，具有重要的理论意义和实践价值。

一

　　叶圣陶先生在其 70 余年的教育生涯中，探讨课程问题，几度研制中学语文科课程标准，他的课程思想涉及课程价值、课程结构、课程内容、课程实施、课程评价等方面。

　　（一）课程价值观：大众化取向，"造成健全的公民"

　　叶圣陶的教育理念集中体现在他的课程价值取向和所拟定的课程目标上。

　　1. 课程是为着学生的，要帮助学生"确定切合人生的人生观"。

　　人的发现，尤其是妇女和儿童价值的发现，是五四运动重要的历史功绩之一。1919 年，叶圣陶提出："小学教育是为着小学生的，小学教师是栽培小学生的，我们究竟希望小学生达到怎样的地步呢？"相对于封建时代"学而优则仕"的"利禄主义"教育而言，他的答案在当时振聋发聩："小学教育的价值，就在于打定小学生一辈子有真实明确的人生观的根基。"在叶圣陶看来，人之所以可贵，不在于他既已为人，而在于他进而成为更高尚的人，对人类更有价值的人。真实明确的人生观，是每个人必须具有的；课程的价值亦在于此，"学校教育定出各种科目叫学生学习，只为帮助他们确定切合人生的人生观"。1923 年，叶圣陶起草《初级中学国语课程纲要》所拟定的课程"目的"的第一条便是"使学生有自由发表思想的能力"，体现了他对儿童自身的个性发展和能力培养的重视。

2. 着眼于全体学生发展的课程目标。

相对于封建教育是少数人的专利，现代教育的基本特征是教育重心下移，受教育人口扩大，教育普及和追求全体公民素质的提高。叶圣陶以他的远见卓识，认定了极具现代教育意义的课程目标。1942 年，叶圣陶在《认识国文教学》一文中批判了"旧式教育的古典主义和利禄主义"，针对某些人"早也一声'国文程度低落'，晚也一声'国文程度低落'"的感叹，他一针见血地揭露了旧式教育的真相——"通文达理的是极少数，大多数人一辈子不能从读书达到通文达理"。他指出，国文课程不能再以培养少数"官吏以及靠教读为生的'儒学生员'"为宗旨，而要"养成善于运用国文这一工具来应付生活的普通公民"，他认为，"尽量运用语言文字并不是生活上一种奢侈的要求，实在是现代公民所必须具有的一种生活的能力"。

叶圣陶恰如其分地提出了阅读、写作、说话、写字等语文学习领域的目标。对于作文教学目标，叶圣陶将文学创作与作文作了严格区分，"文学的写作，少数中学生或许能够写来很像个样子，但是决不该期望于每一个中学生。这就是说，中学生不必写文学是原则，能够写文学却是例外"。当时社会上关于作文教学目标的看法出现严重分歧，有人认为应该"培养作家"。作文教学是不是为了培养作家呢？身为一代文学大家的叶圣陶旗帜鲜明地回答："不是！"他指出："作文是为了培养表达的能力。这个能力，人人都必须有，在日常的生活中工作中都要用到。"再如，他坚持将写字教学目标定位于"人人所必需"的"行款齐整笔画匀称之字"，而"不必人人为书家"，他说"我向在教育部即持此意见，我为少数"。叶圣陶坚持大众化取向拟定课程目标，关注每一个学生的发展，致力于"造成健全的公民"。

（二）课程结构观：基于"为人生"的统整思考

我国传统学馆的课程、教材、学习年限等随意性大，一般采用蒙学读物及儒家经典作为教材，个别施教，融识字、生活常识、伦理教化等于一体，没有真正意义上的分科课程。西学东渐，清末"废科举，兴学堂"，我国逐步建立起现代意义上的学校教育制度。在课程设置上，"癸卯学制"学习西方，实行分科教学，学科门类大增。对于课程结构问题，叶圣陶有自己独到的认识：

1. 分科不忘统整。

分科制度产生后，教师往往"只见树木，不见森林"，过于强调本学科传授知识的功能，忽视了育人功能，淡忘了教育目的和培养目标。叶圣陶从培养人的统整的教育思想和课程理念出发看待分科制度，"做人做事原是不分科目的"，"为教授的便利起见，把种种事物分析开来，便有了关于身体、关于修养、关于知识的种种科目"，学校教育"由于这种不得已，才有分科教学的办法"。他提醒教师"无论担任哪一门功课，自然要认清那门功课的目标，如国文科在训练思维，养成语言文字的好习惯……同时我不忘记各种功课有个总目标，那就是'教育'——造成健全的公民"［均引自《叶圣陶教育文集（第2卷）》］。这样，每一门课程就像车轮上的一根根辐，许多的辐集中到教育之轴上，便成为把国家民族推向前进的整个轮子。

2. 不宜分科则综合。

叶圣陶主张针对不同的教育对象，依据不同的培养目标就分科与否问题进行权衡取舍。针对不能升学的学生，他主张"中学不容不培养他们的实际生活知能，使他们当前得到受用。就这一点而言分科教学不如不分科，而以生活为中心，问题为中心，着手教学来得见效"，即中学阶段普通教育与职业教育要适当分流，对升不了学的学生加强综合性生活实用技能教育，让他们走上社会"受用"。他还认为小学宜设综合课程，不适宜分科，因为小学生年龄小，认知还没有分化，科目"分开独立，易于忘却何所需此科；全部所习，复难得有统贯的精神；徒使学童入于偏而不全、琐屑而遗大体之途"。

3. 反对取消选科制。

20世纪30年代，民国教育当局取消选科制，叶圣陶撰文表示反对。他认为尽管选科制是舶来品，输入时间短，且实施方法上存在些微流弊，但每个学生的资禀、个性各不相同，他说："现在使不同的人物修习齐一的课程，希望把他们变成相似的货色，这种'有见于齐而无见于畸'的办法，在理论上，在事实上，都是不可通的。况且，我们的疆域这么广大，我们的社会正在激变，课程呆板，怎么能普遍适应?"叶圣陶清醒地认识到选修制的独特价值，能加强课程的灵活性：一是能满足不同个体个性发展的需要；二是可满足不同地区教育发展的需要；三是能适应社会激变的需要。

4. 重视活动课程开发。

1917—1921年，叶圣陶在吴县县立第五高等小学任教，与吴宾若等日夕研究教育改革，带领学生挥锄破土创办了"生生农场"；他节衣缩食，捐款创办了博览室和利群书店，陈列出自己收藏的书刊，督促学生博览多闻，"发展思想，涵育情感"；他在博览室四壁开辟了诗文、书画等专栏，鼓励指导学生练笔；他开设了篆刻课，教学生刻图章印记，刻竹板压书，刻诗文互赠，刻花鸟共娱；每周一次同乐会，每学期两次恳亲会，他和王伯祥是编剧兼导演，指导学生将《荆轲刺秦王》《完璧归赵》等作品搬上舞台。这些教育改革实践以学生为本位，"特设了一种相当的境遇"，实际上是开发了丰富多彩情境化的活动课程，让学生在参与中体验，丰富了活生生的直接经验，使学习与生活相交融。

5. 洞悉学校课程的缺憾。

20世纪初，叶圣陶认识到，学习了学校课程不等于是个有知识的人，因为他发现，许多关系人生的有价值的事物并没有列入学校课程。在《小学教育的改造》一文中，他指出："与实际生活相比较，就觉得科目的划分有简单和支离的缺憾"，"科目之外，关系人生的事物还有许多，这许多事物因为和日常的事物混在一起而无法区分，就没有列为专门的科目，就够不上教授的价值"。他有一连串质疑："学校里只顾选定现成的科目，叫儿童来凑合，来购买，只为了教者的方便，哪里肯顺着儿童的需求来规定种种设施呢？""这几个科目能把实际生活中的事物包括得尽吗？这几个科目都是合理而且有系统的吗？只要学习了这几个科目，就能应付人生的种种事物了吗？"

（三）课程内容观：以生活为本位，促进学生经验的发展

课程理论大致围绕三种取向认识课程内容：（1）课程内容即教材；（2）课程内容即学习活动；（3）课程内容即学习经验。长期以来，我国教育工作者大多取第一种理解。叶圣陶是编撰教材的行家里手，他突破了"课程内容即教材"的观念，认为"课本是一种工具或凭借，但不是唯一的工具或凭借。许多功课都是不一定要利用课本的"，非文字的实际事物"罗列在我们周围，随时可以取来利用，利用得适当，比较利用文字的课本更为有效"。"语文教材无非是例子，凭这个例子要使学生能够举一而反三，练成阅读和作文的熟练技能。"当时中等学校对学生课外阅读书报，"颇有加以取缔的"，把学生看作"思想上的囚犯"，叶圣陶呼吁这些教师自我反省，"给与学生阅读的自由"，建议指导学生"看好小说，你的指导越周到，越深入，他们从好小说领会到的就越丰富，越精辟"。

叶圣陶主张开发生活化的课程内容。他说，"教育不以生活为本位而以知识为本位，是一个大毛病"，让儿童学会对书籍采取批判的态度，结合实际事物思考体验，这样"通过文字与事物的实际打交道，才可以获得真知识，真经验，养成真能力，真才干"。如前所述，叶圣陶在用直执教期间注意开发课程资源，丰富课程内容。学校除有教室、教材之外，"宜有会场、农园、工室、博物室、图书室等等设备"，儿童一旦进了这样的学校，"只是与各种事物相接触，只是觉得有许多事情要做"，"他们对于环境，兴趣所及有所不同；他们各从所好，随时运用心力和体力，或是工作，或是游戏，来满足各自的欲望，便随时长进经验，随时有所创作有所进步"，这样的课程

能有效地促进学生经验的不断长进。

（四）课程实施观："教是为了达到不需要教"

叶圣陶认识到，课程标准"无论定得怎样完美，总之是写在纸面的条文"，要收到真效果，课程实施是关键。他呼吁教育行政部门"尤其紧要的，却在怎样指导与督促，使得课程标准显出功效"；教者与学者"尤其重要的，却在怎样用力量，用心思，使课程标准发生作用"。

主张"教是为了达到不需要教"。关于教与学的关系，叶圣陶提出了"教是为了达到不需要教"的著名命题，他说："教任何功课，最终目的都在于达到不需要教。假如学生进入这一境界，能够自己去探索，自己去辨析，自己去历练，从而获得正确的知识和熟练的能力，岂不是就不需要教了吗？而学生所以要学要练，就为要进入这样的境界。"为此，教师要切实落实学生在教学中的主体地位，引导学生学会主动学习、自主学习，逐渐达到"不需要教"的境界。

抨击枯坐听讲的被动接受式的学习方式。学生"坐在位子上，听教师讲解课本或讲义上的文句；拿起笔杆来，抄写教师的板书，记录教师的讲解：这就是各级学生在教室里所做的全部工作"，他指出，"教育纲领哩，学制哩，课程标准哩，这些东西定得无论怎样完美，如果仍旧让学生们坐在那里听老师讲说，那就完美也是枉然"；他反对"专教学生听讲变相的语文功课"，注重学生主体的参与，吁求教师"与多数学生做搜集、观察、比较、综合、试验、实习等工作：这些是旧教育与新教育分界的标志"。

（五）课程评价观：反对"应制"，全面评估，"谋求改进"

无论是民国时期，还是改革开放以后的新时期，叶圣陶悉心观察和分析教育现实，就教育和课程的评价问题也发表了自己的看法。

普通教育不能光为了考试。恢复高考后，社会上出现了片面追求升学率的不良倾向，"许多人评价学校，只看升学率，升学率高的学校就是好学校。为了提高校誉，有些学校就专门逼学生，考学生"。耄耋之年的叶圣陶对此忧心忡忡，他反对将眼睛只盯着少数能升学者，而不顾不能升学的大多数，质问：难道普通教育就是为这百分之三四办的吗？难道剩下的百分之九十六七都是这百分之三四的"陪客"吗？他指出，"上学为的是具有建设社会主义的实力，不是专为考大学。普通教育不能光从高考着眼"。

发挥考试全面评估和"谋求改进"的作用。叶圣陶认为考试要考查教与学两方面的状况，"这等于说考试不仅是考学生，同时也是教师考自己了，恐怕未必人人想得到吧"。在他看来，考试主要不是终结性评价，更多的是诊断性和形成性评价，"发现学得不怎么好的学生还要想方设法使他转好"；教师"边教边省察，见到成效固然可喜可慰，见到错失就赶紧用心钻研，谋求改进，以期更好地为学生服务"。

坚持科学的语文课程评价观。20 世纪 30 年代，政府考试和各大学的入学测试"常常出一些稀奇古怪的国文题目"，他揭露了这种试题的"八股"本质，"只要投考学生'应制'地说一套'题中应有之义'，摹唇仿舌像个样儿"，"这与科举精神也是一贯的"；他告诉青年学生，"你们学习写作，目的原在发表自己的思想与感情，记录实际生活上的一切，而并不在'应制'作这类的题目"。

二

叶圣陶在长期研究中国教育现实的基础上形成了深刻、系统的课程思想，其理论意义和价值主要表现在：

（一）他几度承担中学语文课程标准的起草工作，形成了立足国情的课程思想

在我国古代教育思想和理论中，包含着一些课程思想，但未形成系统的课程理论。"废科举、兴学堂"之后，我国现代学校教育制度逐步建立起来，延续两千多年的封建教育的传统课程被打破，现代意义上的新式课程在学校的地位得到了制度上的确立和保证。1918 年，美国芝加哥大学教授富兰克林·博比特借鉴当时美国"工业管理学之父"泰罗的企业管理原理，提出了活动分析理论，用来确定课程目标、选择和组织课程内容，出版了专著《课程》，标志着课程论作为独立学科的诞生。我国学校课程改革的发展也需要科学的课程理论作指导，从20世纪20年代到新中国成立前，一些学者从事课程论研究，翻译介绍国外的课程理论，出版了几部课程论研究著作，如徐雒的《中国学校课程沿革史》（上海太平洋书店，1929年版）、朱智贤编的《小学课程研究》（商务印书馆，1933年版）、程湘帆的《小学课程概论》（商务印书馆，1923年版）、盛朗西编的《小学课程沿革》（中华书局，1934年版）、陈侠的《近代中国小学课程演变史》（商务印书馆，1944年版）等。

青年叶圣陶身处中国社会伟大的历史转型时期，中学毕业时立志"此身定当从事于社会教育，以改革我同胞之心"。民国初年，叶圣陶即投身课程与教学改革实践。他是我国中学语文课程标准的首要创制者，先后研制了4份语文课程标准：1923年5月与顾颉刚合作拟订了《新学制初级中学国语课程纲要（草案）》；同年应新学制课程标准起草委员会要求，以《草案》为基础修改形成《初级中学国语课程纲要》；1940年，配合六年一贯制学制的推出，研制出《六年一贯制中学国文课程标准》；1949年8月，应华北人民政府教育部教科书编审委员会邀请，拟定了《中学语文科课程标准（草稿）》。课程标准是确定一定学段的课程目标与内容，指导课程实施与评价的规范性、纲领性文件，是"教材编写、教学、评估和考试命题的依据"，是"国家管理和评价课程的基础"。叶圣陶所研制的上述语文课程标准对指导我国当时及后世语文课程的发展发挥了积极的作用。

叶圣陶没有从事西方课程理论的译介工作，没有撰写课程论著作，但他时刻关注并研究学校课程发展的现实问题，通过论文、书信、札记、时评等形式，及时作出回应，形成了具有洞见意义的课程思想。他的课程思想是在早期的基础教育实践探索中初步形成的，到20世纪三四十年代在针砭时弊、探索著述中研究趋于成熟，到后期组织指导教育工作时期一以贯之，发展完善。或针砭时弊，或提出建设性见解，或亲自创制课程标准和教材，使得他的课程思想立足于我国国情，极富本土色彩和现实意义。

（二）他坚持大众化方向，较早确立了"为人生"的课程价值观和"造成健全的公民"的课程目标观

五四时期是一个文化反叛的时代，对长久以来中国忽视人的价值的文化传统作了深刻反拨。叶圣陶发表的第一篇论文《儿童之观念》（1911 年）就提出"妇女教育，今日何可缓哉？"1919 年 2 月，叶圣陶就提出"小学教育是为着小学生的"、学校课程为帮助学生"确定切合人生的人生观"等主张。同年 10 月，来华访问的美国教育家杜威出席全国教育联合会第五届年会并作了演讲，受杜威学说影响，年会决议指出："从前教育只知研究如何教人，不知研究人如何教；今后之教育应觉悟人应如何教，所谓儿童本位教育是也。"1920 年 6 月，杜威到苏州游览并发表演讲。叶圣陶从甪直由吴淞江乘小火轮到苏州城聆听了杜威的演讲；他还以苏州劝学所所长潘起鹏和教育会长龚鼎等人到车站欢迎杜威，以及在留园开欢迎会的场面为背景，创作了小说《欢迎》；这一年，他还参加了松江教育局的课程改革会议。作为五四时期文人的叶圣陶不断汲取前沿的教育理论，较早地发现了包括妇女儿童在内的人的价值，成为我国现代教育史上确立以人为本位，以儿童为本位的"为人生"课程价值观的先知先觉者之一。

叶圣陶一贯坚持教育的大众化方向，坚持面向全体学生，坚持提高全民族素质的教育发展道路。美国教育学家泰勒提出课程目标的来源有三：学习者的需要、当代社会生活的需求和学科专家的建议。由于学科专家常会把学生看作将来要在该领域从事高深研究的人，而不把这门学科视作基础教育的一个组成部分，因而他们提出的课程目标往往过于专业化。我国课程论专家丛立新在《课程论问题》中指出："课程的功能是通过文化的传递培养人。"其中"课程的本体功能是培养人"，"课程的基本功能是传递和选择文化"。作为在中国现代文学史上具有举足轻重地位的文学家和书法、篆刻造诣颇深者，叶圣陶面对"作文为了什么"的众说纷纭，面对在教育部中自己的写字教学目标观点的"曲高和寡"，实事求是，科学分析，坚持面向全体学生进行育人活动，避免了"过于专业化"的误区，着实难能可贵。近些年来，我国素质教育的探索历程进一步证明了叶圣陶的见解的正确性，他的思想凸显了课程的本体功能和基本功能，有利于面向每一位学生，保证学科教学达到基本要求——课程目标，也有利于在此基础上发展学生的个性。

（三）他深刻地剖析了影响和决定课程发展变化的几组基本关系，有助于认识和解决课程发展中出现的问题

当代课程论研究认为，"决定课程发展的根本力量在于课程自身"，"课程内部的基本关系是决定课程的重要力量"，这些基本关系包括，"直接经验和间接经验、科学主义和人文主义、社会本位和个人本位、知识本位与能力本位、分科与综合"。叶圣陶的课程思想涉及了如下几组关系：一是直接经验与间接经验的关系，他主张教师在向学生传授间接经验的同时，要利用好课程资源，多组织学生"做搜集、观察、比较、综合、试验、实习等工作"，通过直接认识促进直接经验和间接经验的增长；二是个人与社会的关系，他认识到课程对于个体发展的作用，主张"学校教育定出各种科目叫学生学习，只为帮助他们确定切合人生的人生观"，课程通过促进学生个体的发展，"造成健全的公民"，从而实现课程的社会功能；三是知识与能力的关系，他呼吁国文教师在传授知识的同时，重视语言文字运用能力的培养，因为尽量运用语言文字"实在是现代公民所必须具有的一种生活的能力"；四是分科与综合的关系，他主张依据教育对象、培养目标的不同来筹划分不分科的问题，提醒教师分科教学时不要忘记教育总目标。基于对这几种基本关系的准确理解，叶圣陶正确揭示了课程发展的内在规律，准确把握住课程发展变化的脉搏，指出课程实践中存在的偏颇，推动课程改革朝正确的轨道发展。

（四）他较早认识到各种课程形态的价值，确立了和谐统整的课程结构观

叶圣陶清醒地认识到各种课程形态的价值所在，重视活动课程的开发，较早清晰论述了选修课程的独特价值。一般说来，选择课程内容视角有三：学科知识的传授、教者教学便利的取舍、儿童人生的需要。早在上世纪初，叶圣陶在考虑选择课程内容和满足儿童人生的需要时，就看到了前两个视角

的不足，注意到许多关系人生的有价值的事物没有被列入学校课程的现象，洞察到学校课程的缺憾。由于多方面因素的影响，有些学科被纳入学校课程体系，有些则被排除在外，而后者 20 世纪后半叶才引起国际课程研究界的重视，美国课程论专家艾斯纳把这些被排除在课程体系之外的内容界定为"空无课程"。这不能不让后人服膺于叶圣陶思考课程问题的思路之开阔，目光之深邃。

教材是达成课程目标、承载课程内容的最重要的载体。叶圣陶身体力行，主持编写了多套中小学语文教材，特别是他与夏丏尊先生合作编写的《国文百八课》，成为我国语文教材建设里程碑式的作品。他对语文教材理论问题作了不懈的探索，提出了"语文教材无非是例子""教材的性质同于样品"等教材观，至今仍具有深远的影响。

在课程实施方面，叶圣陶提出了"教是为了达到不需要教"这一具有普遍意义的教学论命题。这一命题正确地揭示了教与学的关系："教是帮助学，而不是代替学；讲是指导练，而不是代替练；教师发挥主动作用是为了强化学生独立自学的积极性、主动性，而不是否定学生的主体地位。"为了达到这一境界，他告诫教师"决不专作讲解工作"，要在引导上下功夫，"我不怕多费学生的心力，我要他们试读，试讲，试作探讨，试作实习，做许多的工作"，还学生主体地位，"他们没有尝试过的事物，我决不滔滔汩汩地一口气讲给他们听，他们尝试过了，我才讲，可是我并不逐句逐句地讲书，我只给他们纠正，给他们补充，替他们分析和综合"。此外，他还提出了"谋求改进"的考试观等科学主张。

叶圣陶关于课程、教材与教学规律的认识和主张，在我国教育界影响广泛，他"受到全国教育工作者的普遍尊敬爱戴，心悦诚服地向他学习，成为教育界一代宗师"。

三

叶圣陶的课程思想是他 70 余载孜孜以求、呕心沥血的结晶，至今仍熠熠生辉，对于推进我国当前基础教育课程改革工作具有重要的现实意义和实践价值。

（一）树立正确的课程观，合理设定课程目标，研制高质量的课程标准

叶圣陶"帮助学生确定切合人生的人生观"的课程价值观启示我们，要通过新一轮课程改革使我国的基础教育课程能够更好地为促进每一位学生的终身发展奠定坚实的基础。在课程目标的设置上，要坚持大众化的取向，面向全体学生，"造成健全的公民"。叶老对语文课程目标的定位无疑给某些热衷于片面拔高要求以"应试"的教育工作者以警醒，我们要科学设定课程标准，"如果课程标准过高，所有学生都不得不为之而竭尽全力，那么就会像埃利奥特所说的那样，成了学生个性发展的'天敌'"。

魏本亚在《叶圣陶"私拟"语文课程标准的当代价值》中呼吁当今的语文课程标准修订者和课改实践者要关注叶圣陶所拟的课程标准，充分认识到"继承是发展的基础""消化是引进的目的""现实是理想的土壤"，更好地做好语文课程标准的研制与实施工作。徐龙年在《语文课程标准与叶圣陶语文教育思想》中指出：本世纪初颁布的语文课程标准继承和发扬了叶圣陶的语文教育思想，"在培养目标、学科性质、教材编写和教学方法等方面都作出了富有创造性的规定"，对新世纪我国语文课程与教学的改革具有重要的指导作用。在研制语文课程标准工作中，我们要认真深入地做好调查研究工作，针对当代社会的要求和学生心理发展实际，恰当拟定课程目标，使之切实成为"国家制定的某一学段的共同的、统一的基本要求"，从而使课程标准能指导教师为全体学生的发展服务，促进学生的全面发展。进一步说，语文课程标准的研制"要把重心放到课程目标的支撑研究上，放到课程内容的目标指向研究上，尤其要做好具体项目的研制这一基础性工作"。

（二）重视活动课程、选修课程的开发，重建并完善课程结构，为学生和学校的发展打造优质的课程平台

我国原有的基础教育课程过于强调学科本位，科目繁多、缺乏统整，叶圣陶和谐统整的课程结构观启示我们，要根据学生的年龄特点和培养目标考量分科与不分科问题，不宜分科的当设综合课程；学科教师不能只顾本学科知识技能的传授，要让自己的课程实施过程为教育的总目标服务；必修课程和选修课程、学科课程与活动课程的开设要均衡，保持一定的张力，注意弥补"空无课程"的缺憾，落实《基础教育课程改革纲要（试行）》的要求，体现"课程结构的均衡性、综合性和选择性"，为学生的发展打造优质的课程平台。

课程是实现学校办学目的的凭借，为保障和促进课程对不同地区、学校、学生的要求，新世纪课程改革以来，我国实行了国家、地方和学校三级课程管理制度。在学校课程这个复杂的系统中，国家课程、地方课程和校本课程要相互补充，协调发展。叶圣陶的课程思想启示我们，学校要根据自身的人才培养目标，认真分析自身的优势与不足，以课程为抓手，在国家课程校本化实施以及地方课程、校本课程开发方面进行大胆探索，形成办学特色，建设特色学校，从而改变我国基础教育"千校一面"的局面。

（三）以学生为本位，开展课程实施工作，探索构建新型课堂形态

叶圣陶课程思想启示我们，要改变学生枯坐听讲的被动接受式的学习方式，发挥学生的主体性，引导他们主动参与、乐于探究、勤于动手，培养其搜集和处理信息的能力、获取新知识的能力、分析和解决问题的能力以及交流与合作的能力；正确处理师生关系，教师要发挥主导作用，追求"教是为了达到不需要教"的境界。

早在上世纪40年代初，叶圣陶就探讨了"预习"问题，他在《〈精读指导举隅〉前言》中指出："在指导之前，得令学生预习"，"上课时候令学生讨论，由教师作主席、评判人与订正人"，做到"以学定教、先学后教"，从而一步步接近"不需要教"。钟亮认为，根据Anderson2001年修订的布鲁姆教学目标分类法，思维能力从低阶到高阶分为六个层次，分别是识记、理解、应用、分析、评价和创造。近年来风靡全球的"翻转课堂"在观看教师授课视频的过程中主要完成了前两个层次的学习，即识记和理解学习；在课

堂上，完成后四个层次的学习。叶圣陶所主张的先预习再讨论也是如此，预习阶段完成前两个层次的学习，课堂上完成后四个层次的学习。叶圣陶的这一构想与"翻转课堂"有异曲同工之处，继承和发展叶圣陶课程思想，对于我们构建新型课堂形态具有重要的实践价值。

（四）反对片面追求升学率，建立合理的课程评价制度

多年来，我国中小学课程评价存在很大的偏颇，主要表现为重遴选轻改进，重结果轻过程，评价主体、评价方式单一，评价内容与标准设置不合理，这种评价机制制约了素质教育的推进，也影响了广大青少年身心的健康发展。我们要汲取叶圣陶课程评价观中的精髓，"普通教育不能光从高考着眼"，积极稳妥地推进包括高考制度改革在内的课程评价改革，正确运用考试评估手段，革除当前课程评价的弊端，充分发挥评价"谋求改进"，促进学生发展、教师提高与改进教学实践的功能，推动我国基础教育事业走上健康发展的轨道。

叶圣陶的课程思想具有丰富的内涵，涵盖课程价值、课程结构、课程内容、课程实施、课程评价等诸多方面的内容。他坚持大众化方向，较早确立了"为人生"的课程价值观、"造成健全的公民"的课程目标观以及和谐统整的课程结构观，剖析了影响和决定课程发展变化的几组基本关系，揭示了当时课程发展存在的问题，关于课程内容与教材研制、课程实施与评价方面的一系列主张产生了积极广泛的影响。他的课程思想在当时极具前瞻性，对推进当前我国基础教育课程改革工作也具有重要的理论意义和实践指导价值。诚然，如叶圣陶所说，"教育要变，就得在精神上变"，这个"变"的重要性与学制、课程之类相比是本与末的关系，如果精神不立，单就学制、课程如何更改大肆讨论，那就是舍本逐末，对受教育者和国家民族"必然没有什么好处"。我们要秉持正确的教育改革精神，继承和发展叶圣陶的课程思想，深化当前我国基础教育课程改革工作。

第七讲　教育工作者的全部工作就是为人师表

——叶圣陶"师表风范"思想研究

作者简介

　　王木春，福建省特级教师，福建省首届中小学教学名师。长期从事教育随笔写作。近年致力于民国教育文献的研究和编撰。著有《身为教师——一个特级教师的反思》《先生当年——教育的陈年旧事》，主编《叶圣陶教育演讲》《民国名家谈作文之道》《过去的课堂——民国名家的教育回忆》《人生第一课——民国名家忆家庭教育》《为幸福的人生——民国名家对话中小学生》等。

著名作家魏巍笔下的小学女教师蔡芸芝，温柔体贴，富有同情心，是大家熟悉的。其实，魏巍还遇到另外两位让他印象深刻的小学老师，只是留下的是伤痛的记忆。其中一位是教算术的宋老师。当时，魏巍因为"国语"（即现在的"语文"）成绩好，跳过一次级，可算术为此跟不上了。跳级后，"国语"是没问题的，尤其写作文，国语老师都能给他较高的评价。但宋老师的算术课，却成了魏巍的噩梦，每当上课铃声响起，他就有一阵隐隐的恐惧。为什么？问题出在宋老师身上。课前，宋老师经常先发作业本。老师每喊一个名字，下面就有学生应一声"到——"，然后到老师跟前把本子领走。可是一喊到魏巍，他刚从座位上站起来，那作业本就像瓦片一样向他脸上飞来，有时落到别人的椅子底下，魏巍连忙爬着去捡起来。从这时起，魏巍就开始抄别人的算术作业，也是从这时起，幼小的魏巍开始对算术不感兴趣，也毫无自信，在他眼里，算术是一门最没有味道的学科，也是最难的学科，像他这样的智力是不可能学会的。直到后来上了师范，算术仍是魏巍最糟的一门课。

魏巍的遭遇，发生在上世纪 30 年代初。它让我想到 1922 年叶圣陶在《教师问题》中写过的一段话："教师问题，不单讲有没有，还该讲好不好，能不能胜任。教师是好的，胜任的，我们才可以说有了教师。否则，即每城每乡每村都有学校，学校里都不缺少教师，我们只能说没有教师……"

近一个世纪前的这些话，现在看来，似乎无非常识，但我再次读着，心里很不是滋味。我禁不住想，今天的师范大学每年都培养大量的师范生，以致师范生供大于求，但看看周围的学校，能说"有教师"吗？按照叶圣陶的"好的，胜任的"标准，我只能说，教师队伍建设永远在路上。

何谓"好的，胜任的"教师？叶圣陶没有指明。但他特别重视教师的"为人师表"，而且越到晚年，越强调这方面的重要性。到90岁高龄时，他还把为人师表当作是"教师的全部工作"。可见在叶圣陶心目中"为人师表"这四个字的分量。

在《教育工作者的全部工作就是为人师表》一文中，叶圣陶把为人师表总结为三个方面：教师的身教重于言教；教师要用自己的好模样去教学生；教师自己要养成"好学"的习惯。

一

首先说身教重于言教。在《身教和言教》一文中，叶圣陶这样论述"身教"和"言教"的关系：

我国自古以来有"言教"和"身教"的说法，还说"身教"胜于"言教"。"身教"就是"以身作则"，教育者自己作出榜样来，让受教育者自动仿效，收到的效果当然比光凭口说深切得多。"榜样的力量是无穷的"，就是这个道理。当然，"言教"还是有用的，还是需要的，"胜于"只是表明比较而已；"身教"跟"言教"相比，当然更为重要。教育者如果光要求受教育者这样那样，自己却不去实践，怎么行呢？受教育者正在瞧着你呐。"喔，原来你光是嘴上说说的，并不打算去实践的。你说的是不是由衷之言呢？我是不是应该照你说的去做呢？"受教育者这样一怀疑，教育者的威信就消失了，随你怎样翻来覆去唠叨，再也进不了受教育者的耳朵，更不必说深印心坎了。

这是叶圣陶对教师"身教重于言教"的明确阐述。其实，早在1941年叶圣陶在《如果我当教师》一文里，已对"身教"和"以身作则"有过论说。叶圣陶认为自己与学生是"同样的人"，过的是"同样的生活"，所以，凡是希望学生去实践的，自己一定实践；凡劝戒学生不要做的，自己一定不做。他举例说：

我希望学生整洁、勤快，我一定把自己的仪容、服装、办事室、寝室弄得十分整洁，我处理各种公事私事一定做得十分勤快；我希望学生出言必信、待人以诚，我每说一句话，一定算一句话，我对学生和同事一定掬诚相示，毫不掩饰；我劝戒学生不要抽烟卷，我一定不抽烟卷，决不说"你们抽不得，到了我的年纪才不妨抽"的话；我劝戒学生不要破坏秩序，我一定不破坏秩序，决不做那树党分派、摩擦倾轧的勾当。

直至晚年写的《作文和做人》中，叶圣陶还针对当时的高考作文《先天下之忧而忧，后天下之乐而乐》有感而发道：有的考生把这篇文章写得头头是道，有理论，有发挥，一定可以得高分。但是，如果他离开考场后，挤上公共汽车，看到最好的位子就抢下坐，面对挤在他膝前、提着菜筐的白发老太太却视而不见，那么这种学生作文卷是不能打高分的，甚至只能打零分。叶圣陶认为，作文，哪怕是考场上的作文，也是考试，在公共汽车上给不给老太太让座，这也是考试，而且"才是真正的考试"。我想起不久前记者采访过一些学生："你作文上写大街上遇见老人跌倒了，必须扶起来，如果真的在现实中遇到这种情形，你会扶吗？"遗憾的是，多数学生表示不会。学生这种"说一套做一套"的行为，固然有社会、家庭等因素，但跟学校里的领导、老师平时的"言行不一"是否也有紧密的关系呢？

为什么教师必须言行一致且以身作则呢？叶圣陶引用《大学》里的两句话来作答："有诸己而后求诸人；无诸己而后非诸人。"意思是自己要先具备了美德再去要求别人也具有；自己没有恶行再去要求别人没有恶行。教师能先做到"有诸己""无诸己"，而后才向学生提出要求，这样的要求在叶圣陶看来"才有真气、才有力量，人家也易于受感动"。如果不能"有诸己""无诸己"，开口的时候，自己先就"赧赧然"了，哪里还有真气、力量与感染力？此外，在《带点儿教育意味的事都一样》一文里，叶圣陶也说："凡是带点儿教育意味的事都一样：自己做不到的，别教人家做，自己教人家，要想收到效果，就得自己做出榜样来。"总之，从教师这方面看，只有"身教"，言教才有力量，教师才有威信，教育才能有实效。

叶圣陶的"身教重于言教"思想，不是凭空产生的。中国传统教育文化重视修身齐家，对教师的榜样示范作用自然要求就高。叶圣陶从教主要在现代教育肇始的民国时期，而那一时期的众多"民国先生"形象一直堪称表率。以大家熟知的两位校长为例。一是南开学校校长张伯苓。一次，张伯苓发现有学生抽烟，就劝他把烟戒掉。不料，学生反问一句："您叫我不抽烟，您干吗还抽烟呢？"张伯苓说："好，我如果不再抽烟，你还抽不抽呢？"学生摇头，表示校长不抽，他也不抽。于是，张伯苓当着学生的面，把自己的烟嘴毁了，从此再也没抽过烟。另一位是上海南洋中学校长王培孙。王培孙在南洋中学担任校长达52年，可以说"一生只做一件事"。晚年的王培孙有眼疾，常戴一副棕黄色眼镜，但他仍手不释卷。师生们每次到校长办公室，总看到头发斑白的王培孙埋头于案头。久而久之，师生们都受他影响，热爱学习。现在，不少老师，尤其语文老师，也认识到阅读对学生的意义，但又埋怨学生不配合，读书少。耐人寻味的是，埋怨多的老师，往往是读书少的老师。有的老师在学校里一年到头只看课本、教参和练习册，让这样的老师培养出一批有良好阅读习惯的学生，可乎？

当代的北大教授钱理群先生也是教育界言传身教的好榜样。钱先生是鲁迅研究学者，一生秉承鲁迅先生的精神，爱憎分明，敢于坚持真理，在社会上赢得很高的威望。著名特级教师陈日亮在《救忘录》一书中这样写道：

> 钱理群说："我研究鲁迅，不仅要讲鲁迅，而且要接着鲁迅往下讲，往下做。"往下做，很难。但往下讲，则是可追求的。多少年来，钱先生真是身体力行地往下做了，表现出难能可贵的鲁迅精神。他是顺着"往下讲"而"往下做"的。

苏霍姆林斯基在《要保持"水源的清洁"》一文中说："在学校里，不应当搞空洞词句和空洞思想。我想劝告教育工作者：要珍惜词句！当你要求儿童说出自己的思想的时候，要保持审慎而细心的态度。……不要让那些高尚而神圣的词句，特别是关于热爱祖国的话，变成磨光了的旧分币！真正的爱是不必声张的。应当教会儿童去爱，而不是教他们去谈论爱……要让在学校里所说出的每一句话都结出果实，而不是一朵空花……"这些年，我走过不少地方和学校，常看到一朵朵漂亮的空花，却不见几粒真果实。比如，有的教师教育学生要做有礼貌、讲文明的人，可是学生向他打招呼时却听而不闻，从不回应；有的教师教育学生考试不许作弊，自己的论文却是剽窃来的等等，不一而足。从这一意义上说，叶圣陶提出教师"身教胜于言教"的主张，具有特别强烈的现实意义。作为教师，倘若每个人能从身边小事开始，身教与言教结合，以身作则，让学生自动效仿，也许今天的教育就没有那么多的艰难了。

在《身教和言教》一文中，叶圣陶还提到一个问题："以身作则"不单是少数教师的事，而是学校每位教职工的责任。他说："学校是教育青年，少年和儿童的主要场所。……分工当然是必要的，但是分工只表明各人的工作有所侧重，而彼此的精神必须融和为一，无分彼此，一齐向着共同的目标。要想到受教育的每一个学生都是整个的人，都是不可分割的，所以对他们决不能你说东我说西，你粗疏我琐细，各干各的，必须全体人员认识一致，行为言辞一致，才能真正收到实效。……尤其是进行思想政治教育，不但政治老师要管，班主任老师和辅导员要管，科任老师也得管，不教课的职工也得管，大家都身教兼言教，对每一个学生负责……"甚至，在叶圣陶看来，给学生以身作则的示范教育，不能局限于学校里，"家长以及社会上所有的人全都是教育者，全都担负着教育后一代的责任和义务"，因为学生除了在学校里受教育，在学校之外，在家庭里，在社会上，他们无时无刻不在受教育。这种无论在学校还是在家庭、社会，人人都参与到教育中来，所有人做到"身教兼言教"，从而去影响下一代的要求虽然提得太高了，但很切合教育的规律，而这方面恰恰是今天教育最薄弱的问题之一。当然，也是单靠教育自身无法解决的问题。

二

再来说教师的"好模样"。身为教师，为人师表的基础是以身作则。所谓"则"，可以简单理解为"好榜样"。可"好榜样"不仅仅表现在"身教"一个方面，它具有更宽广的内涵和重要的意义，正如叶圣陶在《教育工作者的全部工作就是为人师表》中说的："知识学问学无止境，品德修养无止境。谁也不该故步自封。教育工作者……本该德才兼备，知能日新，一心为公，实事求是。何况自己担负的是教育工作，无论言教或是不言之教，总之要把自己的好模样去教人，才能收到训练和熏陶的实效。把自己的好模样去教人就是'为人师表'。"

那么，教师的"好模样"表现在哪里？叶圣陶没有专门撰文谈这个问题。但从他的书中，可以归纳出一些基本的看法。

叶圣陶曾写过两篇怀人的文章：《夏丏尊先生逝世》和《朱佩弦先生》。夏丏尊和朱自清都是教师，可以说，他们就是叶圣陶心中"好模样"的教师。

夏丏尊是叶圣陶的儿女亲家，两人相识很早，后来一起撰写《文心》、编《国文百八篇》、办《中学生》杂志等等，关系之深自不必说。夏丏尊是作家、翻译家、语文学家、出版家，又是一位相当出色的教师。夏丏尊从日本学习归国，先后在浙江省立第一师范学校、湖南第一师范、春晖中学、立达中学等学校任教，可以说，当教师是他一生最重要的职业。在叶圣陶的笔下，夏丏尊首先是一个"真"人，"他正直地过了一辈子，识与不识的人一致承认他有独立不倚的人格"。

夏丏尊的确是个"真"人。据丰子恺回忆，当时他在杭州一师当学生的时候，夏丏尊教他们国文。那时候，五四新文化运动还没开始，大家作惯了"太王留别父老书""黄花主人致无肠公子书"之类的文题，但夏丏尊却突然叫学生作一篇"自述"。有一位同学，写他父亲客死他乡，他"星夜匍匐奔丧"。夏丏尊苦笑着问他："你那天晚上真个是在地上爬去的？"引得大家发笑，那位同学脸孔绯红。又有一位同学发牢骚，赞美隐士的生活，说要："乐琴书以消忧，抚孤松而盘桓。"夏丏尊厉声问他："你为什么来考师范学校？"弄得那人无言以对。这样的教法，最初受到顽固守旧的青年反对，个别人甚至认为是因夏丏尊自己不会作古文，才不许学生作。其实，教法的背后，体现的是夏丏尊的人格，即做一个真实的人。

做正直的人，这是教师"品德修养"的一部分。对此，叶圣陶曾引用苏联电影《天职》中一位叫多布雷宁的人物的话："我希望，我们的孩子首先应该是个人，是个诚实而正直的人。"接着叶圣陶发挥道："做任何工作的人，都首先应该是个诚实而正直的人，他的工作才做得好，才能对别人有益。多布雷宁这句话，无论做教育工作的人或是受教育的青少年都应该看作座右铭，时时想着它，并且在实践中贯彻它。"把做诚实而正直的人当成人生的座右铭，在当今时代，谈何容易？让一位教师不说谎已经不容易了，何况还要"在实践中贯彻它"。再说，即便你一个人有这种追求，也很难独善其身。我在中学任德育处主任多年，深知其中的滋味。比如，上级部门布置的检查多如牛毛，很多检查不通过造假根本无法应付。而有的检查，光靠教师一方去应付还不够，还需要学生去配合撒谎。假如叶圣陶活到今天，目睹如此教育现状，不知作何感想。

夏丏尊的另一个"好模样"是"对学生诚恳，对教务认真"。诚恳是对人，认真是对事。夏丏尊对学生的关爱是出了名的。丰子恺曾比较过李叔同与夏丏尊两位老师的不同：

李先生做教师，以身作则，不多讲话，使学生衷心感动，自然诚服。譬如上课，他一定先到教室，黑板上应写的，都先写好（用另一黑板遮住，用到的时候推开来）。然后端坐在讲台上等学生到齐。譬如学生还琴时弹错了，他举目对你一看，但说："下次再还。"有时他没有说，学生吃了他一眼，自己请求下次再还。他话很少，但学生非常敬爱他。夏先生则不然，毫无矜持，有话直说，凡事千叮咛万嘱咐，"唯恐天下大乱"。偶然走过校庭，看见年纪小的学生弄狗，他也要管："为啥同狗为难！"放假日子，学生出门，夏先生看见了便喊："早些回来，勿可吃酒啊！"学生笑着连说："不吃，不吃！"然后赶快走路。走得远了，夏先生还要大喊："少用些钱！"学生一方面笑他，一方面实在感激他，敬爱他。

夏先生与李先生对学生的态度，完全不同。而学生对他们的敬爱，则完全相同。这两位导师，如同父母一样。李先生的是"爸爸的教育"，夏先生的是"妈妈的教育"。夏先生后来翻译的《爱的教育》，风行国内，深入人心，甚至被取作国文教材。这不是偶然的事。（《丰子恺散文全编》）

因为如此，叶圣陶回忆，夏丏尊的许多学生即便人到中年，依然乐于与他亲近。如果分别久了，还常常写信问候，同住一地的，则时常前往看望。即便那些当年受夏丏尊当面或背后指斥的学生，仍然真心地爱夏丏尊，口头心头总是恭敬地叫他"夏先生"。叶圣陶说，"这样的老师才不愧为老师"。

说到"对学生诚恳，对教学认真"，叶圣陶的另一位老友朱自清也是为人师表的"好模样"。1948 年 8 月 12 日，年仅 51 岁的朱自清不幸去世，叶圣陶在四天后写下怀念文章《朱佩弦先生》。和夏丏尊一样，朱自清也很受学生敬爱。叶圣陶说："他（朱自清）在中学任教的时候就与学生亲近，并不是为了什么作用去拉拢学生，是他的教学和态度使学生自然乐意亲近他，与他谈话和玩儿。"后来朱自清到了大学任教，同样如此。古人说"亲其师，信其道"，如果师生间只存在一种单纯的知识传授，此外形同陌路甚至是冷漠的对立关系，一切的教育教学都是徒劳的。遗憾的是，今天，师生间的关系，正日益远离传统的"亲"与"信"。一个时代教育的溃败，我以为，首先是从师生关系的恶化中体现出来的。当然，根本原因可能并不在教师。

教学上做到"认真"二字，朱自清也无可挑剔。在叶圣陶眼里，朱自清是个"尽职的胜任的国文教师和文学教师"。朱自清十分重视上课前的"预备"工作，"不论教材的难易深浅，授课之前总要揣摩，把必须给学生解释或提示的记下来"。上完课，"往往满头是汗，连擦不止"。如果教得满意了，神色就舒适愉快；如果不满意，就眉头紧皱，有点儿紧张。从这些细节中，可以看到朱自清对教学一丝不苟、高度认真的精神。

当然，民国时期不是每位老师都能像夏丏尊和朱自清这样尽心尽力，认真负责。早在 1947 年，叶圣陶就在文章中写了这样一类教师，他们对教书毫无兴趣和热忱，"去上课，为的是每个月可以向会计处领薪水"，于是工作上就会采用一套消极应付的办法。这类"只为稻粱谋"的教师跟夏丏尊和朱自清比起来，是截然不同的"模样"了。

教师的"好模样"还表现在教师要对工作"尽责任"。"尽责任"一词在叶圣陶的文章里常被提及，但不同时期，其内涵也有所不同。"尽责任"按程度的高低，大概可分为两个层次：

第一层次（低层次）："尽责任"即"尽职"，这是教师的职业底线。民国早期，乡村小学教师的待遇低下，生活处境艰难，月薪在 6—10 元的已算优越，为此许多师范生不愿当教师。对此，当了十来年中小学教师的叶圣陶感同身受，对小学教师充满了理解和同情。1922 年，他在《教师问题》一文中直面这种现象，写道："师范生不愿任教师的原因当然有许多。我想物质的原因或者是重要的一项。我不信一辈子唱的高调，以为教育是神圣的事业，不是为糊口计的。事业尽管神圣，只要我们能尽职，正不妨借此糊口……"他认为，有的教师"看教师事业为一个饭碗，若不加上消极的意思，决不能算是卑鄙可耻"。

那时候，因为教育经费的不足，一些学校（尤其是乡村小学）找不到正式的教师，就让一些毫无资质的人临时充当教员；又有些人很不适合当教师，却靠着各种门路，充当了教员。这些人中，受旧时代习气的影响，有的嫖妓，有的纳妾，甚至闹出其他种种不堪的笑话。对于这种现实，叶圣陶说：这些教师，即使很勤奋地研究和教学，也难免会产生坏的结果，哪怕他们不是自觉地要教坏学生，可"他们这种反常的心理和混沌的思想，却无时无刻不给与学生以坏的影响和感染"。他又有些沮丧地说：

　　我想现在如其真心要向这些教师说法，不必讲什么设计教育法、道尔顿制和教育测验等等……最要紧的是使他们的日常生活上轨道。所谓上轨道，指最平常的而言，就是一言一动，都没有消极的影响，一饮一啄，都要有正当的意义罢了。这虽是最正常的，也是最根本的。……即使退一步，没有（对教法）深切的研究和透彻的了解，只要能做到这样，也不失为中庸的教师，因为他们没有残害学生的思想和情感。[《叶圣陶教育文集（第 2 卷）》]

这是叶圣陶实事求是的态度。不过，这类"中庸的教师"不是叶圣陶所说的"好榜样"，即便在民国时期，他们充其量只是"合格的"教师。"好榜样"的教师应该是"学校里的太阳"。

到 1955 年，在《教师怎样尽责任》一文中，叶圣陶就"尽责任"又提出比较全面的观点。（第二层次）时代完全变了，叶圣陶对"尽责任"的要求，比 30 年前高出了许多。他认为，教师的尽责任，首先在于教师必须明白教育的"总目标"是什么？换言之，学生将成为什么样的人？（叶圣陶认为教育的总目标是"使学生能做人，能做事，成为健全的公民"。）当前和未来的社会是如何的，学生在这样的社会里将起什么作用？在此认识的基础上，教师"就学生的体质方面，知识技能方面，道德品质方面，思想感情方面，脚踏实地地按部就班地做培养工作"。并且，无论一个教师教什么学科，"为的是针对这总目标给学生必要的培养"，否则，教师辛辛苦苦地教，"实际上只是盲目地教——也就是没有尽教师的责任"。其次，教师还要"让学生把学到的种种东西运用到实践里去"。怎么运用到实践里去？叶圣陶打了个比方：把知识、技能、思想、道德教给学生，必须让学生像吃了适当的食品一样，把它充分消化，化为自身的血肉。为此，叶圣陶再次强调，教给学生行为的规范和道德的标准，不能讲过就算，最要紧的是引导学生自觉去实践，这其中，教师要注意以身作则，这是一种极有效的"不言之教"。叶圣陶同时提醒，要完成这种"尽责任"，需要教师"付出无量的心思和劳动"。毋庸置疑，这种能够"尽责任"的教师，才配得上叶圣陶心中的"好榜样"。

审视现实中的教育（尤其基础教育），像叶圣陶所说的这种现象——教师辛辛苦苦地教，却"实际上只是盲目地教"的现状，普遍地存在着，长期存在着。作为教育人，我们是否该反省一下：今天教育的总目标是什么？是为了"使学生能做人，能做事，成为健全的公民"，还是仅仅为了让学生在考场上"多出一分，干掉千人"？我们是否清楚学生在当前和未来的社会中将起什么作用，并真正"脚踏实地地按部就班地做培养工作"了？

教师的"好模样"表现在第三个方面就是要敢于为自己争取正当权利，"发出了反抗之声"，"在自己的范围内作好应作的事"。在我看来，这其实也是一种社会责任感和良知。这方面的"好模样"对教师也是十分重要的。

1946年，由于物价飞涨，教师的生活一天天艰苦起来，以至于到了"衣食难周，事畜无力"的地步，当时教师的收入连公司里茶房和电车上的售票员都不如。为此，上海市教育界同人团体联合会发表了宣言，提出了五项具体主张。叶圣陶看到宣言后，深表赞同。他说："（教师）自己的权利不容不争取，自己的立场不容不恪守，这才是现代人——尤其是教育工作者——应有的风度。"

一年后，叶圣陶看到生活并没有转好，反而越发令人失望，于是写下题为《如果教育工作者发表<精神独立宣言>》的文章，文中对教师争取自身权利的做法，有了新的更高的认识，他说："教育事业的目标在辅导下一辈人的发育生长。说到发育生长，其中就含有健全的，善良的，群己两利的，种种意思。辅导不能凭空辅导，必须寄托在实际事为上。知识的传授和能力的锻炼都是实际事为，通过这些事为才可以辅导，才可以使下一辈人发育生长。"这里，叶圣陶强调，教师的"做"对于学生来说就是一种学习的方式。接着他说，教育不是孤立的，也不是其他部门的附庸，"当其他部门与教育的目标不协调的时候，教育工作者为了不肯放弃他们的责任，就得自闯道路，干他们自己的"。比如，面对当时的局势，教育工作者就必须勇敢站出来，发表一篇《精神独立宣言》，这既是保护学生的利益和整个教育的利益，又是通过教师的实际行动，给学生以正面的示范。

实际上，早在20多年前的1922年，针对小学教师待遇低下、优秀的师范生纷纷逃离的状况，身为小学教师的叶圣陶就发出了自己独立的声音："我们不自认为弱者，谁愿意受人家的苛刻待遇？但是因为不愿受而退却不前，仍旧落于弱者一面。既为师范生，教师就是终生的事业；前途的发展是应负的责任，障碍的破除也是应负的责任；各县财政的支配，教育经费的支配，不应为公众、为自己而过问么？若自问真能尽职，老实不客气，很可以明白地提出要求，要一个丰满的饭碗。对于监督者的溺职和舞弊，不应为公众、为自己而反抗么？惟其没有人反抗，才有人越出了范围，公然地无所顾忌地为所欲为。教师发出了反抗之声，才能够在自己的范围内作好应作的事。"［《叶圣陶教育文集（第 2 卷）》］面对不公，教师发出反抗的声音，不仅是为自己争取正当权益，"在自己的范围内作好应作的事"，而且是一种为公众负责的表现。特别是在全球化趋势日益加快的当下，教师应该具备高远的眼光，既要关注课堂、教学、学生，关注校园里的一草一木，又要关注校园之外的大事，做到"国事家事天下事，事事关心"，努力把自己融入大社会，做一个放眼世界的开放人。具备这种大格局和大视野，是未来社会做一名良师的重要素养。

教师的社会责任感和良知，对于学生是一种很好的示范。在叶圣陶看来，这种维护权利、关心社会、敢于抗争的"好模样"，是教师为人师表一个方面的体现。它与正直诚实、认真、尽责任等"好模样"，是联系在一起的。

三

师表风范的第三点，是要养成"好学"的习惯。

叶圣陶是现代教育史上较早明确地提出"自我学习"与"终身学习"的人。在《教育工作者的全部工作就是为人师表》一文中，叶圣陶说：随着人类科技的不断发展，知识也在不断地丰富，所以谁也不能是全知全能的人，只能是个"知之为知之，不知为不知"的人。作为教育者，教师为学生未来发展的考虑，就要趁早给学生打下"将来攀登新高峰窥见新奥秘"的基础。怎么打基础？关键在于教师的身教，而很重要的身教就是教师个人养成好习惯。教师的一言一行，学生会看在眼里，印在心里。叶圣陶在 1973 年 3 月 19 日给李业文的信中说："教师要帮助学生养成好习惯，教师自己就得有看书读书写东西的好习惯。"(《叶圣陶教育演讲》)教师好学乐学，"事事不马虎，样样问个为什么"，久而久之，学生受教师的影响，会"养成钻研探索的好习惯"。

在叶圣陶的朋友中，朱自清是一位"事事不马虎，样样问个为什么"的人，"不断求知不惮请教的人"。在叶圣陶的印象中，朱自清每到一处，无论风俗人情，事态物理，凡有不明白的地方，每事必问；在文学研究方面，朱自清经常接触书刊论文，经常阅读新出的作品。在同时代的一般人看来，身为大学教授，朱自清已经够博学了，只要把其中一部分知识传授给学生就足够了，但朱自清从不知足。也许正因为如此，无论当中学老师，还是当大学教授，朱自清始终深受学生欢迎和爱戴。

夏丏尊在学习方面也不逊于朱自清。叶圣陶的书中，多次撰文写过亲家翁夏丏尊。夏丏尊 16 岁中秀才，17 岁考进上海中西书院，后转入绍兴府学堂，开始接受新式教育，可惜一共只读了两个学期。接着到日本留学，因为学费不够，也是读了一年后就回国当教员谋生。虽然接受的正规教育时间短暂，甚至连一张毕业文凭也没有，但夏丏尊的学问很好，还是一位出色的作家。这一番成绩，都是靠夏丏尊自学而来的。在叶圣陶心中，夏丏尊是自学成才的典范，也是为人师者不断学习获取新知的"好模样"。像夏丏尊这样自学成才的人，在民国时代，并非特例。

民国教育的成功，一个重要因素在于，那时候从大城市到普通乡村，活跃着一批好老师。他们学问深，品行高，在逆境中自强不息。钱穆中学毕业后，因家贫而辍学，到无锡的农村小学任教。但钱穆并未消极应付，他决心走一条自学成才之路——"一意自读书"。他白天上课，晚上静心苦读古籍。十年的农村小学教师生涯，钱穆博览古籍，奠定了深厚的国学根基，出版了《论语文解》，并为其成名作《先秦诸子系年》的撰写准备了大量的素材。同时，钱穆在当地实施的教育教学实验，也备受学生和家长的称赞。

书画大家、著名学者启功也因家境艰难初中毕业后就去从教。初登讲台时，他的恩师陈垣教他若干条"上课须知"，其中一条是：字写不好，学问再大，学生先已看不起。一次，启功在批改作业，陈垣对他说："学生的字比你的字好，你怎么给学生批作业呀！"启功深受刺激，从此发奋习字，终成一代书法名家，且在古典文学等领域卓有成就。启功去世后，他的学生李山教授借用颜渊赞孔子的一句话来形容他："仰之弥高。我的老师，是非常好的老师。"

孔子堪称中国古代最伟大的教书匠。《论语》开篇即是"学而时习之，不亦说乎？"孔子又自白道："默而识之，学而不厌，诲人不倦，何有于我哉？"在他看来，教师的"学"是"诲人"的前提，也是职业快乐的源泉。孔子到晚年仍研读《易》，孜孜不倦，韦编三绝。他一生研究各种典籍，编纂《春秋》，修订《六经》。好学而博学的孔子，在三千弟子心中，树起非凡的榜样。

古代另一位了不起的教书匠是朱熹。他修书院，创办州学县学，编著教材，热心教育。他提倡教师要做到"博学、审问、慎思、明辨、笃行"。他身体力行，在为官与讲学的间隙，勤学苦耕，著有《四书章句集注》《楚辞集注》等，影响深远。

孔子和朱子，均兼有名师与大学问家的双重身份。从他们身上，我们触摸到古代教师好学的优良传统。

以教书育人为使命的教师，自身不断地进修业务，应该是一个常识。《学记》道："学然后知不足，教然后知困。……故曰：教学相长也。"可见，教师的"教"与"学"相伴相随，相互促进，"学"不单指向学生，也是为人师者自始至终的"必修课"。

作为教师，自身的"好学"还有一个特殊的功能，那就是用自己的好习惯去熏陶学生，让他们养成爱学的好习惯。杜威说过："好的仪表是良好的教养的结果，或者毋宁说就是良好的教养；而教养是通过对习惯的刺激作出反应的习惯行为养成的，而不是通过传授知识。"跟杜威相似，叶圣陶非常重视学生好习惯的养成，他多次在文章或书信里强调"习惯"的重要性。他甚至把教育的目的简化为一句话："教育就是养成好习惯。"这个提法是否科学可以探讨，却很有现实意义。如今的青少年学生，每天接受海量的信息，各种大道理他们不是不懂得，而是做不到。做不到的部分原因，就在于他们没有从小养成良好的学习习惯。

1972年3月22日，叶圣陶在写给江苏清潭中学教员李业文的信中说："依我想，从小学老师到大学教授，他们的任务就是帮助学生养成良好习惯，帮助学生养成政治方面文化科学方面的良好习惯。而教师要完成这个重大任务，自己就得继续不断地养成这些良好习惯。"46年前的这番话，听起来毫不过时。今天的许多老师，他们教书的"重大任务"早已被外界的评价标准异化为"分数"两个字了。诚然，学生要在考试中得高分，也必须养成一定的好习惯，比如上课注意听讲、课后完成作业，比如审题仔细、答题规范、书写端正等等，但这些多是细枝末节的东西，离真正的教育远了，离叶圣陶所讲的"教育就是养成好习惯"的"好习惯"也远了。许多学生一旦用分数敲开了大学的门，便开始迷茫起来，更有甚者一头扎进电脑游戏中醉生梦死，浑浑噩噩。每每听到这样的例子，我便无端地惆怅起来，想：我们的教育是有问题的，我们的教师是有不足的，学生只是从学校获取了升学的"敲门砖"，而没有取得一辈子都受用的"真经"——好学的好习惯，即"养成钻研探索的良好习惯"。

身教胜于言教，用自己的好模样去影响学生，自身要养成"好学"的习惯，这是晚年的叶圣陶对教师"为人师表"的总结。叶圣陶的为人师表观，是经过他几十年的思索而慢慢形成的。也许它带着过去时代的痕迹，有值得商榷的地方，或者存在着概括不完整之处，然而，他的基本理念——"教育工作者的全部工作就是为人师表"，无疑是切入了教育的本质，永不会过时。无论哪个时代，不管什么社会，"为人师表"这四个字一定是中小学教师这个特殊职业的"生命线"。

在撰写上述文字的过程中，一些念头也会不时跳出来，拷问着我：在这个红尘滚滚的时代，大谈"为人师表"是否有些迂腐和矫情？面对日益物质化的现实，我是否依然相信并努力去坚守"为人师表"？等等。对于这一个个问号，我不能给出自己满意的回答。

忽然翻到以前在网络上随手摘抄的一段话（《新时期教师应该具备怎样的师德修养》）：

有许多教师常常埋怨：教师所得并不多，但社会对教师的要求却十分苛刻。其实，这种怨言大可不必。人们之所以对教师提出苛刻的要求，那是因为他们在无意中把教师当成了自己的"偶像"，从内心深处，他们觉得教师应是十全十美的完人，他们希望教师在他们的心目中保持完美。从某种意义上说，人们正是把对社会道德的希望寄托在教师身上。……这是人心向善的表现，是人们对教师最大的信赖。因此当教师做了不该做的事，别人提醒道"你是教师"时，我们千万别忙着以"教师也是人"来自辩。教师当然也是人，但教师在人们心目中的地位，决非一般的人，而是堪为表率的人。人们给了教师这样的地位，教师就有义务承担起这样的职责。

　　我的心被触动着。这段话大致能回应我上面的一些困惑。我决定把它作为这篇长文的结尾，并用以提醒自己：我的身份是什么，我应该做什么，不能做什么。

第八讲　杜威教育思想对叶圣陶的影响

作者简介

　　邱磊，江苏省南通市通州区金沙中学教师，南通市名师梯队成员，《中国教育报·蒲公英评论》特约评论员，"米力网"专栏作者。近年来，以杜威的教育哲学与理论为基石，不断探索实践，在《人民教育》《中国教育报》等发表百余篇文章，被《教师月刊》《新校长》等评为封面人物、年度星教师，出版图书有《"偷师"杜威》《杜威教育箴言》。

一

民国时期，各种海外舶来思想渐次引入。

可以说，就学术界和思想界来看，的确风潮涌动，日新月异。这其中就有以杜威为代表的实用主义思想。1917—1918 年，在叶圣陶 23 岁左右时，杜威的忠实追随者克伯屈的设计教学法传入中国，他主张在教学实施中，学生是活动的主体，教师仅作为指导者而存在，特别是教学内容（教材）须根据具体的活动需要而动态生成。可以说，如此新颖的教学思想无疑让正陷入新旧教育矛盾冲突中的叶圣陶耳目一新。

这种新颖性，一方面是与旧时代私塾教育的断然割裂与决绝划界，另一方面又与叶圣陶的求学经历有关。他虽受蒙于旧学，但身在毗邻上海的苏城，时代更迭之际，新风气日盛。早在 1907 年的苏州府公立中学堂（今苏州第一中学），其办学模式，除保留《四书》《五经》外，其他均与现代学校无异。这减少了叶圣陶接受克伯屈思想的障碍。举例来说，当学习"建设一座小屋"这样的主题时，教师的角色在于指导学生设计绘制图样、考虑所需材料以及装潢风格等。当计划设定妥当后，美术老师教学生绘制建筑图样，语文老师帮助学生学习专业词汇、理解说明文本，数学老师与学生探讨建筑材料在平面几何、立体几何上的计算问题，物理老师就材料性质和特点，让孩子尽量"物尽其用"，如此等等。

所以，毫不夸张地说，这种由教师立场、学科立场而转向学生立场的教学变革，一排叶圣陶之前在言子庙小学教书时的郁闷之气，课堂的变革也令人眼前一亮。杜威曾在华演讲中谈到："教育的最大毛病，是把学科看作教育的中心。不管儿童的本能、经验如何，社会的需要如何，只要成人认为一种好的知识经验，就炼成一块，硬把它装入儿童心里面去。"叶圣陶从类似的批判中看到教育救国的希望，所以一改之前受挫的颓势，准备以全新的热情投入到对未来的憧憬中。

随着五四运动的爆发，大到民族、国家的未来，小到学校、个人的命运，很快就走到了十字路口。颇为幸运的是，叶圣陶遇到了杜威——确切地说，是他的思想。1920 年 6 月，作为一名观众，叶圣陶见到了杜威本人，甚至在听完演说后还写了一篇名叫《欢迎》的小说；但更多的情况下，两者还是在精神层面上沟通。相比于留过洋的那帮嫡传中国弟子，如胡适、蒋梦麟、陶行知等人，叶圣陶虽得不到先生的耳提面命，但克伯屈的帮助的确作出了些许弥补，使其免受阅读杜威原著的"折磨"。克氏和杜威的关系，就如同赫胥黎和达尔文的关系，前者除了是后者的忠实粉丝，更是卖力的吹鼓手、宣声筒。克氏自己曾解释说，由于杜威著作相当晦涩，不利于普罗大众了解，他的使命即在于用更生活化、平民化乃至情境化的话语形式，去普及老师的教育思想。

从此，比杜威小了 35 岁的叶圣陶便开始有了一个情结。这个情结就是要用杜威的实用主义去拯救中国的教育，改造家国命运，走上自强繁荣之路。那么，究竟什么是实用主义呢？

这是现代哲学的一个重要流派，根在美国。杜威之教育观、教材观、学生观等，都是以实用主义为基石的。这个思想在中国的大地上可能被大家误读得比较多，很多人不自觉地把"实用主义"和"实利主义"等同起来，这个"利"是利益的"利"，觉得怎样获得利益和回报，就怎样去做。实际上，前者看重的是效果，是独立解决问题的能力；后者关注的是获利，将获利作为行为的动机。前者指向内在，即个人经验的丰富、知识的健全、情感（意志）的磨炼；后者指向外在，即物质世界的占有与操控。

在当下的教学中，实利主义的做法和想法可以说是太多、太普遍了。对于学生来讲，书本考什么他们就听什么、学什么；老师也是一样，教学重难点都是围绕着"实用"来实施的。如果哪一个教师胆敢讲一大堆"没用"的东西，校长脸色难看尚好说，家长恐怕是不会罢休的。可以说，实用主义在21世纪的中国完全被异化了，倒是英国的席勒改称其为"人本主义"更好一点。

相比之下，叶圣陶以及民国时代与实用主义的相遇，倒是更为纯粹一点。1905年废除科举以后，对现代教育的理解与转型就迫切地摆在了中国人面前，叶圣陶在传统向现代的过渡中，感受到实用主义的磅礴生命力。实用主义的起源得从欧洲说起，欧洲古典哲学认为世界是既定的，并有着一定的规律、法则。哲学家也好，数学家、物理学家也罢，他们就是在探索和发现这个世界的法则、规律。1859年达尔文的"进化论"出现之后，引起了巨大的震动，其关键在于使人类第一次认识到世界是发展的、进化的，而不是一次定型的。1879年现代心理学确立之后，以詹姆士为代表的官能学派主张人的任何意识反应都是对具体情境的适应与反馈，一个人"经验"的重要性被史无前例地突出在哲学、心理学、教育学等诸多领域。杜威的名言"教育即经验的改造"，即从此出。

由此，实用主义认为世界上没有所谓客观的道理、规律，而必须在实践中、使用中体现出来，在这种思想下，客观世界不存在统一且唯一正确的答案。个人只要在实际经验的基础上，获得对这个世界的感受、体悟、认知，且有利于个人的成长和发展，那它就是真理。概括起来说，实用主义有如下几个要义：

第一是重"做"。实用主义永远是落实在做上面的，而不是在说什么，从做中学，坚持教学做合一。"做"永远是第一位的，唯有如此能够完善乃至改变人的经验。"实用主义"这一术语，本身就派生于希腊词"行动"。空谈或者坐而论道，欧洲传统的经院教学的那种方式，正是杜威所反对的。民国以降，虽然对实用主义曲解甚多，但毋庸讳言，这也是最为诱人的理论果实。正是"行动""做"等积极信号，顺应了那个时代的变革需求，特别是叶圣陶在《倪焕之》中提出对传统教育迂腐、守旧、悖谬的极度厌恶而特别期待改革，反映出当时人们"久旱逢甘霖"的切盼之情。今天在我们实际的教学生态中，"做"也往往是严重缺位的，有时候很多物理、化学、生物的实验，可能都是在黑板上完成的，学生只要记下实验步骤和实验的现象，甚至直接背诵实验结论即可。偏偏实验本身，并没有让学生真正在动手动脑中去感受，去思考，去体悟。

第二是重"法"。法就是方法的意思，实用主义主张的是用一种正确的、合适的方法来认识和解构眼下的世界。他们并不主张盲目而冲动、野蛮地去做，而是力求用一种既有效、简便，又能够达到个人目标的方法去做。这个"法"在杜威看来就是一切有用的教学方式，一定要和学生的经验相结合，比方大到"思维五步法"，小到教学背景的选择、案例的选取、各个学科之间的跨界综合等等。在实用主义者的心目中，真正的教学方法，一定是基于个人经验的多元素、广领域、深挖掘的结构性生成的结果。叶圣陶深知此中奥秘，他在教材使用上，选择学生易于接受的历史故事、小说、戏曲等，以"大狗叫，小狗跳"等儿童化的语言缩短师生的心理距离；为了保持学生的求知欲，他坚持"根据他们的本能、欲望和兴趣，想方法来引导他们的本能，顺应他们的欲望，扩充他们的兴趣"等做法。

第三是重"效"。不管你做得如何，方法是否得当，最终一定要出成效，有效果。实用主义的最终落脚点正是这一主张。这一理念落实到教育教学中，就是最后一定要有个比较好的效果出来。杜威之所以在芝加哥大学进行教学实验，也缘于此。他希望，当理论日渐完满的时候，就需要在实践中看看效果，并用效果的客观事实来反证理论，修正理论。"效用""效能"是实用主义之所以能通行中国百年的关键因素，叶圣陶那一代人教育改造的根本指向，就在于改变积贫积弱的国家现状，能以实际的效用促成现代教育的新生。从后面的历史来看，这个"效"字同样是1928年后叶圣陶重新检点、认知、改造杜威思想的关键，更是1949年鼎新之后，国内政治气候变幻对杜威思想起落批判的"罪状"之一。叶圣陶亦渐渐与之交远，甚至被人批判不懂杜威，令人喟叹。

这样，我们不妨用很简洁的语言来表达：真正的实用主义，是指建立在动手实践的大前提下，积极联系生活，使用科学的方法来达到合理的效果。这里的效果，不是指短期的功利化效果，而是指向生命成长的终极效果。大家或许觉得，"生命成长"这样的说法可能还有点虚空，有点大，但事实上杜威从来没有强调过"效果"是指考试考得好，或者哪个方面的考核比较优秀，而一定是指向个人兴趣、体魄、爱好、审美等各个方面，都要用生命的维度来衡量、用生活的实景来检验。所以和我们今天理解的实用主义相反，杜威那个年代纯正的实用主义者，恰恰是不讲究我们所理解的那些急功近利的"效果"，而是更加看重十年二十年，乃至更长时间内人在不断的生活和成长中取得的实际效果。对于这一点，克伯屈在《教学方法原理》中亦有所强调："在我看来，我们的学校过去从整个生活中选取了某些智力活动的工具（技能和知识）……现在我看这些已经远远不够了。不但这些科目不能组成生活，而且我们死盯住这些单科教学不放，结果却将更重大的生活与性格问题置之不理。"相信其应是明显影响到叶圣陶的。

可以说，教学效果的达成，一定是基于学生既有经验与未获知识之间的有效对接。以"实用"为出发点，又以"实用"为归宿点，"就地取材，入乡随俗"，将大大拓宽教师的选材边界、构思边界和设计边界。正是杜威的实用主义有着如此诱人的教育前景，所以从1913年开始，叶圣陶就在言子庙小学尝试以类似实用主义的教育法躬身践行。虽几经尝试而终未得要领，但从那时开始，一颗小小的种子就算种下了："当世宏才则提撕疾呼曰：教育宜取实用主义。夫，此谁则不知哉？"真正难的，是如何找到适应中国的土壤，让实用主义发挥威力，这对于尚只有19岁的叶圣陶来说，既是排忧解惑的最大障碍，也是为自己"立业"、为教育"立心"、为后世"立德"的最高荣誉。

二

遇到杜威，遇到实用主义，可以说是青年叶圣陶最为欣喜与得意之处。在杜威的教育实践中，尤其是他在芝加哥大学的实验学校中得到三条最广为人知的"经验":"教育即生活""学校即社会""从做中学"。在此基础上，又形成"教育除了生长，别无自己的目的""学校是雏形的社会""教育过程论"等一系列基于心理学、社会学而得出的判断。这些基本的主张，可以说有一部分是与叶圣陶心心相印的，比如他曾在小说《倪焕之》后半段直言："近来看杜威的演讲，有些意思同我们暗合；我们的校长蒋冰如曾带着玩笑说'英雄所见略同'呢。"

但更多的则是对他既有观念的冲击和批判。1919 年 2 月还未见到杜威时，叶圣陶在《今日中国的小学教育》中说，"要注意，读书是要学生知道'以往'，为'未来'作准备"，但听完杜威的讲演后，他的态度发生了 180 度的转弯："如果改变以前的见解，认定儿童的现在就是他们整个人生的一部分，他们现在的所作所为，就需要他们自己去应用知识方能完成；那么他们在当前的环境中有所需求，自然会自己去研究，寻求出道理和办法来，还会自己去试验这些道理和办法是否切合实用，来证明他们的价值。"［《叶圣陶集（第 11 卷）》］

实用主义的核心在"行动"，而"行动"的目的是丰富与改造孩子的既有经验，所以，实用主义者最密切关注的是儿童本身的经验与需求，杜威自称"儿童中心论者"，多从此出。那究竟何以达成呢？叶圣陶、克伯屈都选择了教育实验。这些实验，在当时的叶圣陶看来，是一别旧时代两千年的束缚而开新时代科学、民主、自由之风的关键。下面，我具体从以下几个角度，稍加叙议。

（一）叶圣陶对当代教育的一大贡献，是生活化的教材革新

杜威说："教育在它最广泛的意义上就是生活的社会延续。"实用主义讲究个体在社会生活中的经验感悟与升华，所以多元、个性、因材施教（孔子也有此主张，而多见于言教，比如对樊迟、仲弓、颜渊等人的同一提问，回答完全不同；而实用主义重于不教之教，即在个体的动手实践中独立感悟，两者意义不同）成了其主导特色。当传统教材割裂学生的年龄、文化、心理需求时，恰如夸美纽斯所说："这犹如向仄口瓶子猛灌多量的水一样，结果

大量的水都流到了外面，最后瓶子中所得之水比缓缓注入的还要少。"因此对教材的迫切改造就成了一个棘手的问题。

叶圣陶对此早有认识。1915 年他在尚公小学执教时，当时的课文还多是文言体，有的人将之完全抛弃而另选材料，有的照本宣科，叶圣陶则是第三类——将课本斟酌活用，有选择地自选一些文章充实教科书。用今天的话说，叫"用教材教"，而不是"教教材"。但如此做并不彻底，作为实用主义者的他干脆和夏丏尊等人独立编写教科书，大量增加白话文选文，当时的宗旨是"顺自然之趋势，而适应学生之地位"。这自然有新文化运动的因素在其中，然而，以儿童身心需求为出发点的教育转型，紧紧契于杜威的"儿童中心论"思想，这为日后两者思想"心有戚戚焉"打下了坚实的基础。

更重要的贡献是，在 1931 年之后的廿载岁月中，叶圣陶在创新教材方面的才华显露无遗。1932 年 6 月面世的由叶圣陶编纂、丰子恺绘画的《开明国语课本》，从设计理念到内容、形式均直指儿童兴趣。例如，其中《太阳》："太阳，太阳，你起来得早。昨天晚上，你在什么地方睡觉?"《柳条长》："柳条长，桃花开，蝴蝶都飞来。菜花黄，菜花香，蝴蝶飞过墙。飞，飞，飞，看不见，蝴蝶飞上天。"这些孩子喜闻乐见的内容已经辐射到家庭、学校、社会的种种生活。所选（撰）篇目多以儿童文学、诗歌、童谣等各种儿童喜闻乐见的文体呈现，十多年内竟重印 40 多次，一时洛阳纸贵，广受欢迎。及至今日，也在广大的家长群体和文化市场、教育市场中留有上佳的口碑。

（二）叶圣陶对学校教育教学的直接影响，也透着实用主义的底气

受杜威影响，叶圣陶在"教育主体"这个问题的认识上，发生了质的变化。由秦汉至明清，传统观念中的教师具有绝对的权威性和话语权，但受到实用主义思想熏陶后，叶圣陶说："教育者要尽许多义务，仿佛戏台上值场面的人，把种种演员事物都安置妥当，但是怎样表演怎样说白，还要让演员自己去做。教育是有最终的目的和价值准绳的，教育者的义务便是使儿童得到合理的系统的知识，确定他们的新人生观。"[《叶圣陶集（第 11 卷）》]

看来，叶圣陶已经知道应还课堂于孩子了，"儿童中心"的确立让他甘愿把孩子推到舞台中央，而自己躲在后面，并且这个"舞台"不再是小小的空间概念，而是包含游戏、实验、辩论、远足等多元的社会因素在其中。

他在自己的学校中建立农场等学习基地，建立图书馆、卫生处、商店、报社、工场、乐园、舞台等一系列社会产物的模型，强调"给学生布置适当的环境""使学生从实际中获得知识"，希望"为学生雕刻一个'毫无遗憾'的模型，经过'游戏同功课合一''学习同实践合一'等全新的完善的教育，使学生成为一个充满了爱心的'新人'，走出校门后能胜任'三百六十行'中任何'一行'的工作"。我们明白无误地看到，所谓"学校即雏形的社会""从做中学"等杜威核心观念，都在叶圣陶的教育实践中形成了独具个人风格的表达。

我们来看叶圣陶的具体实践。早在尚公学校时（由商务印书馆设立），他在学校的少年书报社中设立阅览室，成立通信社，带领"学生新闻社"外出采访，练习写作；组织学生"游学"，到电灯厂、美华利钟表厂、商务印书馆等学习实用技能，如新闻采访业、钟表制造业、木板雕刻业等。对于有生物爱好的，他还带了一帮发烧友去郊区捕捉昆虫制作标本。这种朴素的实用主义方式，并不完全等同于杜威思想，后者以"修建木屋"为例，从木材的生长、丈量、运输、切割、搭建、美饰等维度，融合了历史、化学、物理、地理等多学科知识：

化学：

木材的构成部分——灰烬、木炭和水；活组织中的食物同化作用；与其他建筑材料比较的木材燃烧……

历史：

其他人在其他的时代对木材的使用；……通过粗糙的石器时代和精致加工的金属时代的历史……一些著名的历史建筑物和建筑者……

物理：

研究材料的热冷效果；他们对建筑物的影响；楔的作用；杠杆的作用；

螺丝钉的作用；……水能和实用器械……

地理：

我们使用或者研究的树的原产地；木材生长所依赖的地理条件……

我们可以看到，杜威在学科的统整与跨界，经验的全过程测评，以及实验理论的指导等方面，都与叶圣陶有所不同。不过，叶圣陶的这些实践，在当时已经难能可贵了。

尤其需要注意的是，实用主义的建立，并不仅仅是教育学意义的，或者说，要想让教育基于"儿童中心"的立场真正发生，要想将孩子真正培养成个性张扬、允公允能的社会人，还需要哲学、政治学、社会学、心理学等其他领域的支撑。杜威最有名的著作是《民主主义与教育》，但"民主"一词却是政治的舶来品，他也是近代史上将民主置于教育范畴的第一人。

教育民主的基石是自由与平等，如果将之从整个中国的大背景中微缩到一所学校，甚至一间教室中来看，那就是每一个孩子的德育问题。在实用主义的观瞻下，德育与智育是一体的，我国的先贤也早认识到这一点，比如孟子就以制造弓箭者"唯恐不伤人"为例，谈到术与道之间的内生性。叶圣陶的德育主张是"培养合格的公民"，公民是什么概念？是在民主的大环境下拥有权利和义务的意识，拥有"独立之精神、自由之思想"的人。具体从实践上说，就是"养成良好习惯"，即让孩子很早就尊重生命的发展秩序、家庭的基本伦理和社会的公序良俗等。

受新学影响的叶圣陶，早在言子庙小学时就抛弃旧有的所谓师道尊严，以"朋友"的姿态看待和对待每一个孩子，后至甪直第五高等小学，更是在一片民主之风中与同事、学生情同手足。甪直第五高等小学曾建了一个"生生农场"，许多人视之为杜威"雏形的社会"的实验代表，这固然说得通，但叶圣陶本人的另一番解释却更有意味：为什么叫"生生农场"？这里的两个"生"是先生和学生的意思，同时也表达生生不息的寓意。教师也好，学生也罢，均是平等地在农场中劳动，并能民主地协商、决定有关瓜田农事的事宜。

时间走过近乎一个世纪，今天世人所熟悉的叶圣陶箴言，最著名的恐怕是那句"教是为了不教"了吧？我们稍作梳理就可以发现，不管是1962年叶圣陶首次提出此论，还是1984年已到鲐背之年的他念念不忘地详释"'教是为了达到不需要教'，即提倡引导与启发，使学生加强自力锻炼，达到疑难能自决，是非能自辨，斗争能自奋，攻关能自勉的主动境界"……以及当下的"自主学习""自主课堂"等，其实都是他当年独立、自主的民主教育思想的演绎与变形，而站在这一演绎与变形后面的，是杜威和世俗"实用"（应试）之外的实用主义精神。实用主义所倡导的关键，是培养合格的社会人（公民），这一点，即使后来叶圣陶与杜威思想有隙，也从不曾改变过。

所以，实事求是地看，叶圣陶在实用主义思想的熔铸中，并不仅仅以之为工具层面的教育方法论、操作技能论，而是以教育哲学的态度，带着批判的眼光，归入到个人的文化自觉中，这期间从与杜威思想的"亲密无间"到渐生隔阂，反映出当时国情民风的客观现实，更重要的是，叶圣陶在实用主义屡战屡败、屡败屡战的反复"折磨"下，终于明白中国不能把杜威神话，而需要化为己用，走自己的道路。

三

叶圣陶与杜威思想的"蜜月期"，主要集中在1917—1927年。1917年之前，实用主义刚刚进入中国，影响尚不是很大；1927年之后，叶圣陶渐渐形成了自己的教育主张和表达，已不同于杜威的"原教旨"，甚至还有了悖离之处。比如，1934年出版的《文心》，叶圣陶在描述文中的学校时不再强调农场、工场等"社会雏形"；而相对于"儿童中心"，教师的主导作用得到了重新审视，比如在教学方法上，演讲比赛、现场沙龙、学术讲座等综合方式挑战着传统的"一言堂"；在教材内容上，整合资料、编订讲义、课堂生成等人本的价值选择与表达，也彰显着教师的独立与成熟。但实用主义并非完全消匿，其在叶圣陶身上的影响和作用还是持续发生着的，只不过"随风潜入夜，润物细无声"，从形式上的"拷贝不走样"，发展到潜入思想深处的影响。

叶圣陶真正理解乃至发展、改造实用主义精神，并不是一蹴而就的事情，而是有着鲜明的本土化建设历程。我们不妨透过现象直抵本质，看看他究竟是如何二次定义"实用主义"的。

（一）回归常识的自我排毒

众所周知，杜威所处的时代背景，是美国工业世界登顶、到处等着工人进场生产的大繁荣初期。那时的教育呢？可以说一承中世纪的"常态"：僵诵、盲信、空洞。用康德的话来说，就是一切都可以作为教育的目的，但独独"人"不是目的。这样的常态，对浸淫太久的人来说，可能的确早已"习以为常"了，其质疑与反省能力，早被时间消解和埋没。实用派的杜威首先选择抵制"常态"，他开办实验学校，招收4—14岁的孩子，再按照实用主义思想改造学校，关注个体，尊重差异，倡导多元，引领价值。可以说，他做的一切，在于对抗传统教育中对"人"视而不见的扼杀。

叶圣陶生活的时空，在某种意义上类似于杜威的时代：一方面社会面临着巨大变革，另一方面传统势力又异常顽固。叶圣陶本人的求学经历，即是明证：他初受旧式教育，1905年还参加了清政府举行的末次科考；后习新学，睁眼看世界。在这场新旧交替中，教育至少在表面上有了更开放、更包容的形式，但在"改变人心"上却仍少有作为。

真正对新教育（此处指实用主义教育）产生催化的是杜威。当时，其观念与主张对传统几乎是一场无声的鼎革，而对叶圣陶的帮助，首先是从"自我解毒"开始：教师是学生必须言听计从的权威吗？《四书》《五经》是最重要的教材吗？背诵、八股是最好的教学方式吗？……这些放在今天看似乎有点"呆萌"的问题，其精神实质仍在拷问我们的"常态"：自主课堂适合每一个孩子吗？教学模式是可以轻易复制的吗？权威的教材、专家说的，就一定是对的吗？如此等等，举不胜举。

实用主义本身不视其他学术门派为寇仇，但其主张开一代风气之先的同时，也必然无法与旧常态共存。这种颠覆旧"常识"的阶段，类似于一场

"排毒"，将许多自以为是或缺乏独立思考的误区、盲区纠正过来，回到教育真正的常识、常情和常态中来。当杜威指出习惯"端着""装着"、传圣贤之道的传统教育与儿童生活严重脱节之后，可以说叶圣陶是深以为"与我心有戚戚"的。他除了在课堂中积极改革外，还另辟蹊径地撰写童话（如《小白船》《傻子》《燕子》）、注解文言（如选注《荀子》《礼记》等）、指导作文（如出版《作文论》《文章讲话》等）。这一切的目的，只是将教育还原到具体的场景、语言、文化、心理中，一言以蔽之，即践履"教育即生活"的实用主义哲学。

从对当下"以妄为常"的自觉脱离和精神独立，到返璞归真的常态回归，这既需要有勇气和智慧的创生以及学术、学理的支撑，更需要有宝贵的阅历、坚持，乃至孤守下去的决心。这不是朝夕可以做到的，但留下的财富和启示却是恒久的。

（二）"不信之信"的独立行走

叶圣陶以一生的经历，清晰地传递了一个事实：所有真理，都发生于当时、当场、当下条件、当事人中。离开了上面的任何一条，真理都得打上引号。网上的一句名言也清晰说明了实用主义的真理观（知识观）：任何没有注入个人感悟和经验的知识，都只能叫信息。这一真理观或知识观，绝非青年的叶圣陶就能明白，而他是在多年实践的挫折与反思中痛悟的。

他对实用主义的躬身践行是从甪直开始的；同样，他对杜威理论从坚信到怀疑、反省，乃至自我改造，也是始于甪直。可以说，叶圣陶是满怀着教育理想在甪直准备实现个人的救国梦，但现实却并非这样丰满。1928年，叶圣陶出版了《倪焕之》，这本小说据其子叶至善在《父亲的希望》中说："写小说用的材料大多来自生活，并非完全虚构。倪焕之那样热衷于教育改革的心情，可以说正是我父亲在甪直当时的心情。"正是在这本小说中，叶圣陶较为细致地描写了自己的失望之情：

学生们拿着应用的农具在农场徘徊，看看这里那里都不用动手，只好随便地甚至不合需要地浇一点儿水完事。又看见他们执着笔杆写《农场日志》，带着虚应故事的神情，玩忽地涂上"今日与昨日同，无新鲜景象"的句子。

看来，实用主义不是万金油。且不说杜威自己在国内遭遇的种种怀疑、抱怨和指责，也不提国内的种种守旧势力和传统观念，单单就"学校是一个雏形的社会"来说，也并不是那么好实现的。杜威认为，将社会中的种种行业，微缩化地搬到校园内，让学生在"学以致用"和"用以致学"的两相结合中互为推动，促进生长。可叶圣陶发现，这样做除了让教学处于手忙脚乱的碎片化经营外，知识结构无法建立，知识的连贯性、系统性、深刻性亦无从保证；学生丝毫不买账，宝贵的学习时间并没有得到应有的回报，自由散漫、偷奸耍滑、弄虚作假反倒是层出不穷。可以说，实践中挫败的打击，让他对实用主义产生了怀疑与反省。

所以，理论上的"相信"和实践中的"做到"，中间隔着的，既可能是付出汗水后的收获，也可能是永远无法跨越的天堑。我们循着叶圣陶的实践与思考之路，不妨深入设想："儿童中心论"是天然正确的吗？"从做中学"适应学生身心发展的所有阶段吗？仔细一想，还真不是那么简单——比如，就"儿童中心论"来说，杜威追求的"自由民主"可能畸变成课堂的散漫无序；过度地强调学科的树人价值却看不到甚至漠视其工具属性，这很容易叫人产生"皮之不存，毛将焉附"的疑问；教师立场容易弱化、扭曲；原有的必要纪律、组织、管理，不再理直气壮；等等。至于"从做中学"，对于抽象思维发展较好的孩子或学校高年段的学生来说，则也并非必要；或者说，这种"做"超越了四肢感官而成为一种思维运动，并不仅是原本杜威口中的基本含义……如此诘问下去，会让人感到自己当初的"信"太过草率，而今天的"破"又太过决绝。

叶圣陶自然没有否定杜威，否定实用主义，但他发现简单照搬杜威说的那些，是注定要失败的。他依然沿着实用主义道路在走，只不过这种"信"必先建立在"不信"之上：凡事必须结合国情、学情、风俗、文化去思考去实践，"彼之蜜糖，吾之砒霜"，究竟是否"实用"，还应以事实说话。所以，叶圣陶以角直的经历，完成了一次"不信之信"的转身。有人评价说，叶圣陶从此与杜威作别，相悖而行，这是不准确的。君不见，杜威年轻时还崇拜黑格尔，但成熟后不也在著作中批判他？除此，康德、洛克、赫尔巴特等异常显赫的"前辈"，不都被杜威一一批评过？实际上，真正有作为的人，才能捍卫自己的信仰。怎么捍卫？是愚忠，迷信，还是牵强附会？都不是。他们正是以怀疑、批评、实践等种种看似"不信"的手段，来奠定信仰。"吾爱吾师，吾更爱真理"，说的不仅是亚里士多德，更是一种不盲信权威而自我求证的探索精神。

这一点，同样体现在叶圣陶身上。他一方面是满满的实用主义思想，大声疾呼："读教科书并不是（学生）进学校的目的，最后目的乃是取得生活经验""必须让学生懂得一分就在实践里运用一分"；另一方面却又发现农活也好、手工也好，其本身并不等于教育的必需品（这应是他对杜威理解的偏狭所致，具体来说，是他没有把世俗的"实用主义"和"实用主义哲学"审慎地区分，农活、手工等也不是杜威的教育目的，其与知识、技能的天然合一，与生长、生命的深度融合才是杜威的初衷。当然，具体做到这些很不易，杜威自己也是艰难地数度起落）。这反映在《文心》的教学中，则是完全看不到农场、手工的影子，课堂更多地回归到班级授课制的常态中，我们从中或可窥见叶圣陶当时的失望和反省之心。

那具体的反省有所表现吗？当然有。叶圣陶看出实用主义的伟大，但又苦于做不出原汁原味的"伟大"，于是开始创造性的本土化改造。比如，实用主义下的"儿童中心论"渐渐成了中国语境里的教师、学生"双主"教育思想，即以二元并行的"教师主导""学生主体"的师生关系论。这一理论，我们今天依然津津乐道。再如，杜威闻名于世却争议不断的"教育无目的论"（本意是除了生长，别无目的），叶圣陶则讲得更为明确："我们在学校里受教育，目的在养成习惯，增强能力。我们离开了学校，仍然要从多方面受教育，并且要自我教育，其目的还是在养成习惯，增强能力。"其实，杜威也说过"教育即生长"，而"习惯是生长的表现"这样的话，两者具有一定的相承性。但叶圣陶大大发展和细化了"习惯"的具体指向和内容体系，令前者的思想落地，形成独具个人特色的"教育就是培养习惯""教是为了不教"等理论。这些中国化的创造性改造，一个人若没有从怀疑中重新寻找、摸索、表达，怎么可能实现？

当然，和叶圣陶同处于现代教育大家之列的陶行知先生，也有着极为类似的经历。作为杜威的爱徒，陶行知在五四期间也为实用主义所深深折服，并以"生活"（即学校生活和社会化生活）与"做"（即实用主义、实验主义的操作论）作为个人实践的根本出发点。但好景不长，陶行知也没有完全实现师父的教育理想，而是选择"曲线救国"，以"翻了半个跟头"的方式形成了自己独具特色的"生活教育"理论。叶、杜二人对实用主义，同由"坚信"至"躬行"，再由"躬行"到"困顿"，最后又以"创造"趟出一条属于自己的新路来。

可以说，"不信之信"是民国教育大家的共性。他们在杜威的影响下，主张打破社会与学校的壁垒，推行平民教育、乡村教育；这些不甘坐而论道的教育先哲们，具有一种"实验"的精神，研究脑科学、心理学、社会学，在"发现—设疑—假说—验证"的实用主义道路上，扎扎实实地"做"教育——让每一个接受知识的人都到乡村、田间、街道等广泛天地中接受锤炼。

（三）独立主张的个性表达

在传统教育中，学生的身心自由几乎是不被允许的，至少是不提倡的。这一明显的违背教育常识之处，即便在我们今天堪称"完美"的教学设计里，在我们把"向45分钟要效益"喊得震天响的口号中，在我们"师道尊严"的潜意识下，依然阴魂不散。叶圣陶从履职言子庙小学开始，就觉得浑身不舒服，其实那就是一种消极的抗争。百年之后，今天的学案、教案，本质上依然还是工厂里的流水线——只不过学校化了而已。在这个过程中，孩子一步步地被引入彀中，完成教师预设的种种目标。自由也好，个性也好，因其不利于营造"静听的环境"（杜威语）和统一的测量与标准评价，就很难有真正发挥的余地。这更像是今日的"言子庙"，全无教育应有的姿态与身段。为什么当下的小班化教学或者点对点的教学非常流行，因为每个人生下来都是"原装"的，本身特质是独一无二的，教育的个性化需求来自人类的天性，它们当然会广受欢迎。

教育者为什么需要自我申辩？原因就在于抵抗外力的戕害，最大程度地还原教育之初衷、初心。在实用主义看来，就是为了真正达成生命成长的实效、实绩。世界的解释权从来不在权威那里，而是基于每一个个体的经营和积累，由此导致的解释一定是个性的，自由化的，包容的。所谓申辩，就是指以个人的立场解释教育存在的理由与价值。这种思想，深刻地影响着叶圣陶先生。

我们再看他的名作《倪焕之》，其主要表达的是在新时代的风气之下，年轻人开始有了自我觉悟，摆脱传统的灌输式的教育，开始兴办新式教育，也就是走个性化之路，摆脱千人一面的老传统。今日不同于民国时代，我们的教室里面有四五十个学生，甚至更多，老师很难有机会真正地一个个去关注他们。那么，我们不妨从可以改变的地方做起——尽可能给孩子面批；尽可能给小孩面对面的指导；尽可能在上课、休息、闲谈的时候喊出孩子的名字，乃至熟悉他的家长、亲戚的名字；尽可能每个学期给每个孩子写一封信；尽可能在班级大家庭中为每个人庆祝生日。

毫不夸张地看，正是实用主义的催生，叶圣陶也好，陶行知也好，蒋梦麟也好，不管是学院派的，还是田野派的，他们始终都相信教育要坚持回到孩子个人的实践经验，须在田野、社会的真实环境中去磨炼，教育的最大秘密就在于改造孩子的经验。这正如杜威在《民主主义与教育》中所说："无论何人，不论是农民、医生、教师或学生，如果不知道他所造成的对别人有价值的东西只是有内在价值的经验过程的副产品，他就没有领会他的职业。"

由此可见，实用主义不是一个冷冰冰的唬人术语，而是有着人性的温度和血肉的。叶圣陶终其一生，均在不断地自我申辩中。1914 年，他的自我申辩是培养出"谨守规则，举止安详"的学生；1920—1930 年代，则为"我们不能把什么东西都给予儿童；只能为儿童布置一种适宜的环境，让他们自己去寻求，去长养"；1960 年代，"教是为了不教"的著名论断第一次问世；

1979 年，高考刚恢复时，许多学校唯升学率是从，他又呼号："难道学生进中学就是为了考大学？难道国家办中学就是为了给大学供应投考者？"……

在每一个时代，教育都无法独立于政治、经济、文化、历史，它更接近于一个在多种利益、立场、影响相互掣肘和制约下形成的综合体。教育很多时候也不能按照自有的规律运行。每每在这样的情况下，每一个有良知、有责任心、有行动力的教师都会产生并坚持个人的教育申辩，或娓娓道来，或大声疾呼，或慷慨激昂。这一爱智求真过程的实质，是对纷纭复杂的教育乱象，发出一位有良知的教育工作者的呐喊。教师，就是要做一个富有独立思考精神和独立人格的人。

"仰观绝顶上，犹有白云还"，百年教育，百年先生。今天我们也用百年的实用主义视角去重新审视叶圣陶，梳理那个时代的教育探索、教育研究和教育践行，见证我国教育在近现代的求索和改革之路，以及在与中西方教育哲学、教育思想的激烈碰撞中完成的本土化解构和价值回归。

德兰修女说："即或那光辉只是一支微小蜡烛所发出的亮光，但集全世界的黑暗也无法熄灭它。"在战火频仍、民生维艰的国难岁月，一心救国图强的叶圣陶在江南烟雨中邂逅了杜威，杜威又将实用主义的烛光传递到他手上。因了这场具有世纪影响的关键邂逅，影响了叶圣陶一生教育征程的走向。在这场"使人成为人"的上下求索中，叶圣陶吸收、汲取乃至自我定义、改造实用主义思想，深思慎取，躬身践行，勤勉一生，终将自己定格为烛照后世的一盏教育明灯。

我们正追逐着这盏明灯，朝着下一个百年走去。

第九讲　叶圣陶教育思想的文化底蕴和当代价值

作者简介

任苏民，原苏州市教育科学研究院副院长、苏州市教育局教研室副主任，现为江苏省叶圣陶教育思想研究所所务委员、研究员，苏州大学教育学院教授。

主持全国教育科学"九五""十五"规划重点课题，在《教育研究》《人民教育》等刊物上发表论文近百篇，其中在《教育研究》发表学术论文13篇。出版《叶圣陶教育改革思想研究》《语文教学新论》等专著，编著《教育与人生——叶圣陶教育论著选读》《语文名家名著选读》等作品18部，参编江苏省职业学校语文教科书。

叶圣陶是 20 世纪我国卓越的教育家。他自 1912 年担任教师起，一生从事文化教育工作 76 载，几乎亲历了 20 世纪中国社会变革发展的各个时代和文化教育改革的整个过程。在这个过程中，作为教育家的他，与同时作为新文化运动战士、著名文学家、编辑出版家、社会活动家和一个真正的"人"的他，实践、交往、修养、学问极其丰富而又融为一体，从而形成了他博大精深、特色鲜明的教育思想。

叶圣陶教育思想的本质特点即文化特质，就在于它的实践性、创新性、民族性和大众性。

叶圣陶在他 70 多年的教育生涯中，从不追求教科书式的抽象、静态的理论体系构建，而是始终积极投身中国社会变革和教育改革实践，与广大师生的教育和学习生活息息相通，不断地提出、探索和回答教育改革现实中的重大问题，总结、提炼教育改革的实践经验。因而他的教育思想能够更深入地植根于中国教育改革实践的土壤，更完整地反映中国教育改革的历史轨迹和基本经验。在某种意义上说，叶圣陶教育思想是"20 世纪中国教育改革的一面镜子"。

叶圣陶在其一生的教育改革探索中，始终走在时代前列，顺应当代中国社会变革和教育改革要求，不懈地对中国传统教育思想、教育文化和传入中国的外国近现代教育理论、教育经验进行反思批判和继承革新，并且博采众家之长，不断发展自我。因而他的教育思想能够更充分地体现与时俱进的精神，充满创新的生命活力。

叶圣陶的教育改革探索与实践，有他的国学根底和道德修养作基础，秉承儒家思想和道家智慧精华，又开始于五四新文化运动兴起之时，深得爱国、进步、民主、科学精神贯注，并与他的新文学创作和现代文化批判与建设相交融，以中国传统文化教育根基——语文教育的改革为主要依托。因而他的教育思想具有更深厚的中国历史文化背景和现代文化意蕴，具有更浓郁的中国特色和中国风格。

叶圣陶毕生以普通的教育工作者自居，与广大师生保持着密切联系，热诚代表他们的愿望与呼声，关怀他们的成长与幸福，提升他们的理想与智慧，并以中国广大人民包括教育工作者和受教育者喜闻乐见的语言形式来表达其对中国现代教育的真知灼见。因而他的教育思想更富有亲切感和人文气息，是真正面向并属于中国广大教育工作者和受教育者的"教育学"。

总而言之，叶圣陶教育思想本质上是一种以"做人"即"养成自主健全的现代中国人"为核心理念的民族的科学的大众的现代教育思想。

表达在叶圣陶各类教育著作中的叶圣陶教育思想，不但充满了面向大众、扎根实践、批判继承、改革创新的理性精神和生命活力，并且由于其涉及了中国现代教育的一系列基本问题、规律、领域而具有内在的系统性、完整性。正是在这个意义上，可以说，它为后人贡献了一部具有中国特色、中国风格、中国气派的"现代教育学"。这一教育思想，对推动当代中国深化教育改革，全面落实立德树人根本任务，对发展中国特色现代教育理论，让21世纪"中国教育"走向世界，无疑具有重要的现实意义和借鉴价值。

一、以中国教育改革实践为逻辑起点的教育学

作为具有中国特色的"现代教育学"，叶圣陶教育思想的逻辑起点，不是抽象的一般的教育学概念和范畴，而是历史的具体的中国教育改革实践。

20世纪，中国社会摆脱半殖民地半封建的苦难深渊，由旧民主主义革命到新民主主义革命，进而到社会主义社会，乃至改革开放和现代化建设新时期，经历了不断的重大变革和历史飞跃。与之相适应，以废除封建科举制

度、兴办新式学校的新教育运动开始的中国教育改革在艰难曲折中前进，也贯穿了整个世纪。在这期间，任何一种真正进步的中国的教育理论，都不可能不以极大的热忱关注、聚焦和介入这一改革的实践，从中探寻中国现代教育的出路和规律，追求为中华民族伟大复兴奠基的教育梦。叶圣陶教育思想正是非常典型的这样一种教育理论。在长达大半个世纪的时间里，它始终以中国教育改革实践中的问题和经验作为理论思考的逻辑起点，以推进中国教育改革实践作为批判继承传统教育思想，进行教育理论创新的出发点，并且由此形成了它特有的对 20 世纪中国教育改革历史轨迹与基本经验的深刻反映，即唯物辩证的"中国教育改革之学"。其要义有三：

（一）中国教育改革是综合系统的改革

叶圣陶认为："教育和社会本当互相适应，脱离了社会，教育便失去根据。"中国教育改革必然发生，根本原因就在于中国社会的变化、变革和发展。从辛亥革命到五四运动，从大革命到抗战前后，从新中国成立再到改革开放和现代化建设，中国社会的每次变革和转变都对教育提出了新的改革要求，引发了教育改革的新高潮；而反过来，教育又通过改革积极地适应并促进社会进步。叶圣陶指出："教育不是独立的部门，与政治、经济等项都有关系。""教育救国"当初之所以梦想难酬，原因在于脱离了社会政治、经济变革，教育非但救不了国，甚至也救不了自己；"生活教育"在刚提出时之所以难以推行，主要也正因为旧中国政治、经济状况的限制；"应试教育"之所以迟迟难能转变，除了发展和体制上的落后，"大半的因由当在对于教育的一般社会意识"。总而言之，教育改革的进展受到社会经济、政治、文化条件的制约，必须将其纳入整个社会改革的系统工程，与其他方面的改革综合进行。

叶圣陶强调，教育就其本身来看也不是单一的事项。教育改革不仅包括教育设施的更新、教育制度的变革，而且包括教育内容、教育方法，特别是支配人们整个教育实践活动的教育观念的转变。教育改革既牵涉到各级各类学校教育，也牵涉到家庭教育和社会教育，要各方面达成共识，通力协作，才能取得真正的进展和实效。

（二）中国教育改革是本质精神的改革

叶圣陶认为，清末以来废科举、兴学校，逐步建立新的学制和学科教育，此后又不断增设学校，修改课程、教材等，这些自然是进步。然而，中国教育在本质上并没有发生根本的改变，仍然承袭着传统的教育精神。传统的教育精神，就是让学生读一种死的东西去应考，考得上的就可以高高在上，获取功名利禄；考不上的就一辈子倒霉。它是在长期封建社会中形成的，以与老百姓对立的极少数统治阶层利益为本位的。传统的教育精神并没有随着传统教育制度的废除而消失，而是由于其社会根源和文化土壤的存在依然保持着，并且在"新"的教育中顽强地表现出来，严重影响、阻碍、扭曲和异化现代教育的发展。

正因为如此，叶圣陶一再"呼吁"，在中国，"教育的本质的改革尤其紧要。教育要为全社会而设计，要为训练成对社会作点事的人而设计；教育决不能为挑选少数选手而设计，结果使这些选手光荣显耀，站在众人的头顶上，伸出手来，收受众人的供养。""教育要变，就得在精神上变，革除传统的教育精神，认定以老百姓为本位。学制与课程之类也不是不重要，然而精神不立，单就这些上讨论如何如何更改，就是舍本逐末，必然没有什么好处。"［《叶圣陶集（第12卷）》］

叶圣陶在"中国跟日本的教育都需要彻底改革"的比较中，深刻地总结了日本现代教育承袭传统精神，导致为军国主义所利用的惨痛教训。他指出一定要在根本精神上彻底改革，才能使教育得到真正的进步，在"人民的世纪"造福于人民。

（三）中国教育改革是大众参与的改革

叶圣陶认为，中国教育改革是为了大众并要大众参与的事业，不能单靠几个教育家。在参与教育改革的大众中，当然首推教师。"教师是实施教育的人"，他们对教育的实际了解最真切，对教育的改革最有发言权，任何一种教育改革的理想、方案、措施，最终都要通过教师才能付诸实践。因此，教育改革必须有广大教师的自觉参与。在中国教育改革的每个阶段，叶圣陶都把唤起广大中国教师的这种"自觉"作为自己最重要的思想和文化使命。

同时，叶圣陶又指出教育改革不仅依靠教师，还必须有教育行政部门和校长的正确领导，学生家长的理解、配合，社会各界和公众的支持、参与，大家要共同承担起推进中国教育改革的责任。并且在参与教育改革的大众中，还要重视发挥广大受教育者的主体作用。"受教育的是教育事业的中心。""改革教育本来要在受教育的学习方面改革过来之后，才算收效。——这是说受教育的对于改革教育的工作确有把握，也可以处于主动地位。"所以，"改革教育不只是教育家、教育者、教育官的问题，在身当其冲的受教育的，尤其要加以注意，非但要讨论如何改革，并且要促成真个改革"[《叶圣陶集（第12卷）》]。

二、中国现代教育文化精神和基本原理的独到提示

作为中国特色的"现代教育学"，叶圣陶教育思想基于中国现代社会变革和人的发展，从探索解决中国教育改革的实际问题出发，批判、扬弃传统教育思想，既深刻地阐明了中国现代教育究竟具有怎样的价值、应当培养什么样的人的根本问题，又创造性地回答了中国现代教育如何实现自身的价值、怎样培养现代中国人的关键问题，并且从时代高度审视教育与儿童（人）和文化之关系，洞见了中国现代教育面向未来、注重创新的生命机理和发展前景，从而精辟、独到地揭示了中国现代教育的文化精神和基本原理。

（一）教育的价值和目的

以育人为本，以兴国为旨，面向全体国民和每个学生，着眼整体人生和终身受用，培养自主全面发展、养成良好习惯的现代中国人是教育的价值和目的。

叶圣陶认为，现代教育越来越与经济、科技和社会的发展密切联系，以国力的增强和民族的振兴为己任。在中国，推动救亡图存和社会变革，建设现代化强国和实现中华民族伟大复兴，尤其成为现代教育的强烈宗旨。早在五四时期，叶圣陶对教育价值和目的的思考，就充满着一种以人为本、追求人的解放和人的现代化的文化自觉。以后，他多次指出："大家都说我国的国力不如人家。所谓国力，不限于有形的经济力量军事力量等等，一般民众的精神和智慧也占着重要的成分。"［《叶圣陶集（第11卷）》］要追赶世界发展潮流，推进我国工业化、民治化，"顶要紧的"，中国民众必须是"工业化的人""民治化的人"。进入改革开放和现代化建设新时期，他又深刻地指出："四个现代化，科学技术现代化是基础"，"但是研究和利用现代科学技术的不是电脑，不是机器人，而是千千万万活生生的人。这千千万万的人要研究得精，利用得好，不仅靠科技知能的高明，也得靠思想品德的纯正，意志操行的坚强，还有扎实的基础知能的训练也是断然不可缺的"［《叶圣陶集（第11卷）》］。在中华民族奋起和复兴的前进道路上，叶圣陶一再启示我们，"兴国"，归根到底关键在"育人"，即唤醒、解放、发展、提高广大民众的精神和智慧，培养千千万万现代化的中国人。中国现代教育肩负起"兴国"重任，就必然要高度自觉地以"育人"为本。

　　正因为如此，叶圣陶始终一贯地强调，中国现代教育既区别于传统古典主义、利禄主义的教育，也不同于西方技术主义、实用主义的教育，它的根本价值和目的是"育人"，是培养"自觉的，自动的，发展的，创造的，社会的"现代中国人，是要"使学生能做人，能做事，成为健全的公民"。中国现代教育只有基于"育人"这个根本，才能促进人的发展和幸福，从而促进国家强盛、民族振兴、社会发展，并实现社会发展与人的发展互动共进。这也正是中国现代教育的历史使命和文化精神之所在。

　　以培养现代化的中国人为价值和目的，中国现代教育就必然要面向全体国民，面向每个学生。叶圣陶坚持主张，"教育要为全社会而设计"，决不能承袭传统的教育精神，"为挑选少数选手而设计"；要致力于养成健全的"普通公民"，决不能热衷于造就少数与老百姓对立的"贵族"；要使每个学生都尽可能得到适合的充分的发展，决不能只满足于部分家庭或自身某些条件优越学生的发展。

以培养现代化的中国人为价值和目的，中国现代教育就必然要着眼学生的整体人生，并随着社会历史发展，越来越成为全面发展的教育。叶圣陶特别指出，受教育的每一个学生都是一个不可分割的生命整体，他们现在和将来做人做事都是综合而不可分的，这就决定了"全面发展的教育的五个组成部分（包括智育、基本生产技术教育、德育、体育、美育）是不可分割的，相辅相成的"，决不能"只顾一两个组成部分忽略了其他组成部分"，或者割裂了各个组成部分的整体联系。决不能片面追求升学率，为了应付考试，一味加重课业负担，妨害了学生的健康成长和全面发展。"全面发展是一条规律。"遵循这条规律，就必须把学校的各种教学和教育活动集中在"育人"的总目标上，把"育人"贯穿、渗透在各种活动之中，"使各各分立的课程所发生的影响纠结在一块儿，构成个有机体似的境界，让学生的身心都沉浸在其中"。每个教师"无论教什么，都得从整体着想；互相配合，步调一致"。这样，才能达到"培养全面发展的新人"的目的。

以培养现代化的中国人为价值和目的，中国现代教育就必然要关怀学生终身发展和终身受用，成为养成良好习惯的教育。受教育的意义和目的是做人，做社会的够格的成员，做国家的够格的公民。要实现这一目的，"光记住些什么是远远不够的。必得把某些精要的东西化为自身的血肉，养成永久的习惯，终身以之，永远实践，这才对于做人真有用处"〔《叶圣陶集（第11卷）》〕。因此，叶圣陶指出："养成良好习惯，直到终身由之的程度，是一条规律。"所谓良好的习惯，是指体现优良传统与时代精神和个体发展需要的相对稳定的行为方式。养成良好习惯，就是要通过引导学生自觉地持之以恒地学习和实践，将蕴含人类和民族文化精华与内在价值的行为方式化为自己的习惯，终身受用不尽。这也正是"育人"的本质意义之所在。所以，可以这样断言："教育是什么？往简单方面说，只须一句话，就是要养成良好的习惯。""咱们社会主义社会的教育，就是要使学生养成在社会主义社会里生活的一切良好习惯。"

（二）教育的过程和本质

叶圣陶阐明中国现代教育的过程和本质是："教是为了达到不需要教"，教育过程是教师引导学生自主学习，让学生学会自学本领，以至坚持终身自学的过程，教育就是教人自我教育，同时教学相长，互相教育。

叶圣陶认为，在现代经济、科技和社会发展背景下，为实现中国现代教育价值和目的而展开的教育过程，必然不同于传统教育过程。其本质特征，首先是学生在教育中主体地位的确立。这一点，对长期深受传统教育单向灌输积弊困扰的中国现代教育，显得尤为重要，也尤为艰难。学生决非"空瓶子"，等着"揭开瓶盖，把各种知识、各项道德条目装进去"；学生是生命主体，是"有机的种子，本身具有萌发生长的机能，只要给以适宜的培育和护理，就能自然而然地长成佳谷、美蔬、好树、好花"。"受教育者自有发掘探讨的能力，这种能力只待培养，只待启发，教育事业并非旁的，就只是做那培养和启发的工作。"因此，教育过程必须由教师本位转变为学生本位，由传授现成知识、道理转变为引导学生自己学习，必须"把倚赖性的'受教育'转变为主动性的'自我教育'"。

其次是学校教育远不等于一个人受教育过程的全部。中国古代就有"知也无涯""学而不厌"之说。所有做人的必需的东西非常之多，教不尽的，时空有限的学校教育只能取其重要的作为例子来教；何况学生将要独立面对的是一个知识信息爆炸、社会多变激变的时代，一个学习化的社会。叶圣陶指出："无论是谁，从各级各类学校出来之后还得受教育，大学生和研究生毕了业并非受教育的终结。那时候哪儿去受教育呢？从社会各方面都可以受教育，只要自己有要受教育的坚强意愿。这就是自我教育，简化地说就是'自学'。自学能力的强或弱根据在校时候所受教育的好或差。假如在校时候常被引导向自学方面前进，学生有福了，他们一辈子得到无限好的受用。而且，不但他们自己，社会和国家也得到无限大的利益。"[《叶圣陶集（第11卷）》]因此，教育过程必须是使学生在校时就学会自学的本领，养成自学的习惯，为他们终身教育、终身自学、终身发展、终身幸福，成为有益于人民、有益于社会的人奠定基础。

正是基于以上分析，叶圣陶提出了"教是为了达到不需要教"的著名论断，对中国现代教育目的、过程和本质规律作了富有中国哲学意味而又大众化的精辟概括。

教是为了达到不需要教，教育过程就必然要以学为本，愤悱启发，把尊重和激发学生的主体性作为出发点。叶圣陶指出，儿童自有学习的需要和潜能，教育要本着"不教"，即学生能够自主学习、自由发展的目的，创设适合儿童的情境。教育"为儿童全生活着想，固当特设一种相当的境遇"，"儿童既处于特设的境遇里，一切需要，都从内心发出"，便形成学习主体的自动力。"不愤不启，不悱不发。"无论教什么，都要尽可能让学生先自己学习，先自己探索和尝试。学生自己想得通的，说得清楚的，自然不必教。想不通了，说不清楚，这就是碰了壁了，其时学生心头的苦闷多么厉害，要求解决的欲望多么迫切。在这种情况下，教师给予启发，学生不仅容易豁然贯通，同时也加强了主观能动性，因而一定能"举一反三"。叶圣陶指出："学生的主观能动性不断发展，将会达到这样一个境界：在事事物物中，随时随地能够发现问题并且解决问题。"［《叶圣陶集（第 11 卷）》］所以，"愤悱启发是一条规律"，它应当在教育过程中普遍地得到遵循。

教是为了达到不需要教，那么教育过程就必然要以导为主，逐渐放手，把"不教"或"达到不需要教"作为追求目标。叶圣陶指出，"不教"或"达到不需要教"，就是要教给学生自己学习的本领，让他们自己学习一辈子；就是要使学生离开了学校，能够在工作和生活中不断地自我充实，自我修养，理解新情况，解决新问题，做到"疑难能自决，是非能自辨，斗争能自奋，高精能自探"，成为自强不息的现代中国人。这是中国现代教育必须追求的目标和境界。为了达到这一目标和境界，"教师当然须教，而尤宜致力于'导'"。只有在引导学生自己学习的实践中，才能使学生学会自学本领，养成自学习惯，才能实现由"教"到"不教"的转化和飞跃。引导学生学会自学的过程即教育过程，类似于"导儿学步"，起初大人扶着小孩让他自己举足学走；渐渐地大人把手放了，只作翼护；终于小孩自己学会独立行走，自由行走。由此可见，引导学生自主学习，"好比扶孩子走路，能放手时坚决放手，是一条规律"。

教是为了达到不需要教，学校的职能和教师的作用、角色就必然要根本转变。学校不再只是传授、背记现成知识道理的"讲堂"和"考场"，某些承袭了中外传统教育弊端的所谓新式学校的老框框非丢掉不可了。就教育过程的本质而言，"所有各级各类学校以及补习、进修机构的主要职能，全都在引导求学的人向自学方面不断进展"。学生要学到一辈子自学的本领，教师的作用极其重要。教师不仅要教学生学习各科知识，尤其重要的在于启发学生，熏陶学生，"让他们自己衷心乐意向求真崇善爱美的道路昂首前进"。"老师对学生是极有帮助的。所谓帮助，主要不在于传授知识，而在于引导学生自己去求得知识，也就是引导学生自己去发现问题，自己去解决问题。"教师成为学生学习的引导者和合作者。为要引导好学生，教师必须先做学生，包括做自己学生的学生，不断自我教育，得以为人师表；为要与学生合作好，教师必须服务学生，成为学生的亲密朋友，时时教学相长，实现共同进步。这样的教育过程就是教人自我教育，同时也是互相教育的过程。

（三）教育的发展和创新

叶圣陶阐明中国现代教育的发展和创新是：顺进化之理，应未来之需，充分发挥教育开创文化的功效，注重培养学生的创新精神和实践能力，不断实现教育自身的创新。

叶圣陶认为现代人类社会发展趋势，不仅是文化的总和增加，而且是文化的不断创新。世界的变化越来越快，一个人到某一阶段非变不可。教育不能只求与已有的发展相适应，而"贵在顺进化之理，以备应付将来"。传统教育往往"对于文化至多有持续的功效，而决没开创的功效"；中国现代教育则必须面向未来，顺应变化，更注重发挥对于文化的开创功效。这也正是中国现代教育发展的灵魂和根本动力。而教育发挥开创文化的功效，最主要的就是要培养学生的创新精神和实践能力。叶圣陶指出："要使学生为'未来'作准备，当然不能只教给他们以往的成法和科学的结果，须知'成法'

和'结果'是有限的,'未来'却是只顾进步没有穷尽的,所以最要紧的是引导他们练成能处置未来,进而使自己成为更高尚的人的动力。"[《叶圣陶集(第11卷)》]在"多变激变"的当代世界和中国,教育学生,尤其"要特别注意引导他们知变,求变,善变,有所改革,有所创新"。

培养创新精神和实践能力,是对人的心灵的开发。叶圣陶指出,"儿童的天性本是注重事实的,欢喜自己去做的",他们具有活动创造的潜能和好奇心、求知欲;儿童又固有文艺家的宇宙观,"以直觉、情感、想象为其生命的泉源"。教育必须顺应儿童的天性,创设自由而良好的活动环境,精心保护和培植他们心灵中的创新萌芽。教育"宜将儿童所固有文艺家的宇宙观善为保留,一方固须使其获得实际生活所需的知识,一方更须以艺术的陶冶培养其直觉、情感和想象"。教育"宜为学童开发心灵",最重要的是要"使学生有自由发展思想的能力"。这也是学生创新精神和实践能力发展的内在根据。叶圣陶指出,学生是富有个性的生命,教育决不能把他们当作一个个泥团往一个模子里按,而应当为其提供充分的合适的条件,让他们各自发挥能动作用,成长为多样化的创造性人才。

培养创新精神和实践能力,是要使学生养成对旧事物的自觉批判和超越意识。叶圣陶指出,对文化遗产,"整理固然要紧,但尤其要紧的是扬弃,惟有扬弃,才能使现代人接受古代的遗产,蒙其利而不受其害"。要教育学生明白,"写在书上的东西,并不是完全可以信赖的。阅读固然要认真,但是尤其重要的是要抱着批判的态度",批判的标准就是是否与现代社会发展相适应,"当然还得经过实践的检验"。"读书忌死读","活读运心智,不为书奴仆"。要使学生能够独立思考,不迷信权威,敢于探索真理,超越传统,超越自我。例如对于"过去的农业社会与家庭中心的道德",如今时势变了,"必须求其超过",要教育学生解放思想,与时俱进,主动参与开创和实践超越旧传统也是超越旧自我的新道德,成为有新道德的人。

培养创新精神和实践能力,是要让学生学会不断进行新的探究和实践。叶圣陶指出,儿童总要在他们的实际生活中有所需求,自己去研究解决的办法,还要自己证实过、体验过,才会得到真的知识。这种学习过程近似于科学家的发现和创造过程。教育要努力让学生经历和体验这样的学习过程，使他们学会创新思维，形成探究素养。创新思维的过程，问题是起点，新的探究由此发端；假设是关键，没有它就得不到什么新东西；验证是归宿，使假设真能成为生活里的新东西。其中的基本规律，同样适用于学生的创新思维训练和培养。教育要引导学生在学习科技新知识的同时，更注重学习科学家的"创造精神"，"那种事事钻研，样样追究个为什么，样样能自己想出办法来实验的精神。这种精神是创造发明的动力。在社会主义建设的新时代，谁都需要有这种精神"［《叶圣陶集（第11卷）》］。创新的源泉和基础是新的实践。学校和社会都要为学生提供种种新的实践的条件和机会，让学生不仅研究书本，"还能眼见种种实在的事物，还能动脑动手使事物发生变化"，在实践中获得"不仅是某些功课方面综合的感性认识，而且是现代人应有的世界观"。

培养学生的创新精神和实践能力，教育必须不断实现自身的创新，其中关键是教师的创新。叶圣陶指出，教育工作者必须为受教育者着想，将来攀登新高峰窥见新奥秘的正是他们，非趁早给他们打基础不可。那么基础怎么打？还是"身教"为要。事事不马虎，样样问个为什么，受教育者看在眼里，印在心里，就自然而然会养成钻研探索的良好习惯。教师对所教课程的整个系统或研究方法，至少得有一点儿是他自己的东西，他不但要把他自己的一点儿拿出来，还得诱导学生、帮助学生，让他们各自得到他们的一点儿。教师首先自己要有创新素质，能够成为学生的榜样，同时更要善于引导学生走向创新，为他们未来创新实践打下基础。

三、中国现代教育教学理论和实践智慧的创新发展

作为中国特色的"现代教育学"，叶圣陶教育思想本质上是一种中国现代教育实践之学、智慧之学。它将其文化精神和基本原理具体贯彻和体现在德育、教学、教师发展、语文教育等实践领域，总结和提炼丰富的教育改革经验，发展、创新了中国现代教育教学理论和实践智慧。

（一）人本德育论

德育价值和目的。叶圣陶认为，中国现代德育的价值和目的，要以"做人"为根本，致力于培养合格的现代中国公民。这同中国现代社会发展和人的发展对教育的整体要求，同整个中国现代教育的价值和目的是完全一致的。教育的根本任务就是立德树人。在科技、经济高度发展的现代化社会，"做人"的教育非但不能削弱，相反更应该适应时代要求，不断加强和改进。德育通过提高人的思想道德素质，并对智育、体育、美育等其他各育发挥积极作用，决定了现代人的整个发展方向和动力。

德育内容和课程。叶圣陶认为，中国现代德育的内容和课程，要以"人生"为主题，构成包括政治方向、人生观价值观、道德行为等多个层面有机联系的教育体系。德育内容和课程，既要继承优良传统，又要反映时代精神，并且应当根据受教育者的实际而确定；具有基础性、现实性、生活性，体现德育的多种功能和"做人"的全面要求，贯穿"人己一体"的伦理精神和价值原理。

德育原则和方法。叶圣陶认为，中国现代德育的原则和方法，要以"人本"为核心，遵循以下四条基本的实践原则和方法。

一是主体性——以主体德性发展为本旨。德育是教育者的教育和受教育者的学习相互作用，并通过受教育者的自我教育实现的活动，应当尊重受教育者的主体地位，在教育过程中通过启发和熏陶充分发挥他们的主体作用，着力于构建具有是非辨别能力和自我修养能力的思想道德主体。

二是实践性——以人的道德实践为本体。德育是主体自觉的道德生活和人生升华，应当知行合一、注重实践，引导受教育者抓住"做人"所必需的思想道德精华，自觉地持之以恒地实践，养成良好的习惯，并以受教育者的生活实践作为检验、评价德育效果的根本标准。

三是整体性——以整体生命培育为本位。德育是以作为生命整体的人为对象的教育，应当从整个教育的系统整体上，结合智育、体育、美育等其他各育，寓于各学科各课程之中，通过学校、家庭、社会各方面及其通力协作，来实施。

四是师表性——以教育者的身教为本源。德育是以人育人，以教育者本身为根本资源的教育，应当"身教"与"言教"一致，并以"身教"为贵，教育者要先受教育，不断加强自身思想道德修养，做到为人师表，让受教育者自动仿效，从而使德育显示出真正的力量和实效。

（二）导学教学论

教学目的和功能。叶圣陶认为，中国现代教育教学的目的是为了"不教"或"达到不需要教"，学生能够自己学习，并且适应社会变化，自学一辈子。因此，教学的功能本质上就在于"引导自学"。"引导自学"，既是引导学生在知识、技能上"自为研索""自我历练"，又是引导学生在思想、品德上"自辨是非""自我修养"；既要引导学生自己去读书，又要引导学生自己去实践；既包括学习方法的指导，又包括自学动机、态度、习惯、精神的培养；既是引导学生在校时主动学习，又是引导学生将来终身自学。

教学模式和结构。围绕实现"教是为了达到不需要教"的目的，发挥教学"引导自学"的本质功能，叶圣陶总结我国课程教学改革的实践经验，提出了以尝试自学、质疑讨论、练习应用等为主要环节的基本教学模式和结构。尝试自学，即学生在教师引导下对新的学习内容先自求了解和尝试探究，获得初步的自学体验和成果，激发自主创新意识和进一步钻研的动力；质疑讨论，即教师引导和组织学生在尝试自学基础上，围绕学习中的问题进行学生之间、师生之间多向交流切磋和合作研讨，使学习得到深化、成果得到提升；练习应用，即学生在教师引导下主动运用已获得的对学习内容的认识和形成这一认识过程中得到的经验，去解决相关的和类似的问题甚至新问题，从而内化并拓展所学的东西，增强自学能力和创新精神。这一基本教学模式和结构，以学习者的学习为中心，充分体现学生在教学中的主体地位，同时又注重发挥教师在引导学生自学中的主导作用。

教学原则和方法。叶圣陶根据他所提出的教学目的和教学模式，阐述了"引导自学"的一系列教学原则和方法。

一是认定目标，致力于"导"。教师首先要确立"教是为了达到不需要教"的教育教学观念和目标，把教学工作的重心由"讲"转变为"导"，并不断加强自身学习，形成"引导自学"的新教学方式和相应的现代教学素质。

二是激发动力，发展主体。教学要十分重视创设情境，激发学生学习的内在动力，促使学生的主体性得到发展，这不仅是为了推动学生当前的学习，更是"引导自学"的一项根本性目标。

三是教材为例，举一反三。教材的编写和处理应当适合"引导自学"的需要，但教材终究不过是某一学科的提要和一些必要的范例，凭借教材进行教学，不光要让学生掌握教材，更重要的是要使学生能够举一反三，自己去学教材以外更多的东西。

四是愤悱启发，相机诱导。教学方法上决不能"全盘授予"，而要"相机诱导"，坚持在学生自学而遇到疑难时给予适当的启发和点拨，引导他们共同讨论，共同阅读、观察和实践，并作示范，即使需要讲解也应当是精要而富有启发性的。

五是指点学法，逐渐放手。教学过程中要针对不同学生，通过多种途径，加强学法指导，使学生在自己的学习中领悟和运用科学、有效的学习方法，逐渐减少对教师的依赖性，学会独立学习。

六是实践历练，养成习惯。"引导自学"要注重实践，加强教学中的实践应用和练习环节，使学生通过实践逐步将种种好的学习态度和方法化为自身的习惯，打下终身自学的基础。

七是因材施教，发挥创造。"引导自学"有其基本规律和要求，而在具体的教学方法上又应当不拘一格，要从学生、教师和教学内容实际出发，创造出丰富多样、更有实效的教法，学习别人的成功教法也应当根据具体情况灵活变通，有所创新。

八是正确评价，促进自学。教学评价要以"引导自学"目标为基本标准，考试应注重考查学生的自学能力和运用知识分析问题、解决问题的能力，评课应看教师是否善于启发、引导学生，尤其要看学生的学习过程和效果如何。

(三) 现代教师论

教师作用和职责。中国社会的转型决定了中国教育的转型，从而也决定了中国教师的转型，其中最根本的是教师作用的转变。叶圣陶认为，中国现代教师从根本上区别于传统教师，他们的着眼点是在"人"，在人的发展、人的价值，在健全的现代人的养成；他们本着民主与科学精神，把学生作为一个个具有独立人格、个性，又能平等相助，能够自觉主动地学习、发展、创造的生命主体来培养；他们面向未来"育人"，同时也就使自己成为积极地扬弃传统，参与、推动社会变革和人类进化的主体。现代化建设新时期，中国教师的作用就在于培养不断适应变化，善于自学、创新，能够全面发展，特别是具有自强不息主体精神的现代中国人。

教师在实际工作中体现这样的作用，可从四个方面来看其应尽职责：

一是从教师工作的性质和过程看，教师并非教书，而是教育学生，使之成为善于自学、创新的现代人。在整个教育教学过程中，应致力于引导学生自己学习和发展，一边教一边为不需要教打基础。

二是从教师工作的任务和目标看，教师应当教学与教育兼任，不仅教学生学习各科知识，更要从各方面给学生好的影响，使其养成良好的品德习惯，形成自强不息的精神动力。

三是从教师工作的途径和范围看，教师既要以课堂教学为基本教育途径，又要将课堂教学与课外活动一起抓，并协调校内外教育，更好地促进学生全面发展和个性发展。

四是从教师工作的手段和方式看，教师不仅要引导学生读书，而且要注重运用科学直观和工具操作的现代教育手段，培养学生的实践能力和创新精神；教师不仅要"言教"，更要"身教"，以自身行为及其所体现出的现代人人格、素质来"为人师表"，发挥自己独特的"育人"作用。

教师修养和素质。叶圣陶曾强调："教育工作者的全部工作就是为人师表。"因此，他一贯高度重视教师的**修养**，根据其所阐述的教师作用和职责，提出了中国现代教师应当具备的基本思想道德和文化专业素质。

在思想道德素质方面，教师应当具有先进的社会思想和教育观念，以此作为自觉建构新时代教育人格的思想灵魂；教师应当对教育事业高度负责，乐于奉献，对学生真诚热爱，平等相待，讲究修养，以身作则，以此作为为人师表的道德根基。

在文化专业素质方面，教师除了要有较高的一般科学文化素质外，还必须有扎实的专业基础知识和基本技能，尤其是要拥有所教学科的新知识和对所开课程的创见，拥有与"育人"任务相应的综合知识和帮助学生实现发展所必需的现代教育理论，以及过硬的现代教育技能；教师应当具有现代教育教学方法和手段的运用、创造能力，具有现代教育教学内容和途径的利用、开发能力；教师还应当具有教育科研能力和自我进修能力，能够不断实现教育创新和自身的创新。

师范教育的发展。叶圣陶指出，"师范教育是推进和革新教育事业的根本"。围绕中国现代教师的作用、职责以及素质要求，他对发展和改革我国师范教育，构建具有中国特色的职前与职后相统一的现代教师教育体系，促进广大教师的终身学习和发展，提出了许多独到的见解。

一是师范教育的发展目标。我国师范教育的发展，要适应教师作用转变和素质提高的时代要求，在满足教育事业发展基本需要的前提下，逐步由与高中、初中、小学和幼儿园相对应的三级师范教育，发展为本科及其以上学历的一级师范教育，造就大批具有较高综合素养和专业水平的合格现代教师。

二是师范院校的教育改革。要改革师范院校的办学思想及招生制度、毕业就职办法，形成培养高素质专业化现代教师的正确导向和制度保证。要改革师范院校的课程及教学，按照现代教师的教学任务及其职能要求改革教学专业学科课程，根据现代教师的育人作用及其素质要求拓展教育科学与实践课程，把切合实用的语言学列为师范生必修课程，加强和改革思想道德修养课程；教学要密切联系中小学教育实际，注重实践和实习。师范院校课程和教学改革应体现对于中小学教育的超前性、示范性。

三是教师教育的体系构建。要把教师的职前培养和在职进修统一、连贯起来，构成教师终身教育的新体系。教师在职进修，内容上应包括思想道德和文化专业两个基本方面；方式上应实行专门机构组织与任职学校组织、集中培训与在教中学、学习与研究相结合，适应学校和教师的发展需要，贴近教育教学实践，有利于提高教师的自我进修和科研创新能力。

　　此外，叶圣陶还形成了代表我国现代语文教育发展方向的、民族的科学的大众的语文教育思想。基于他的语文教育观，他对我国语文课程、教材、教学、学习进行了长期、深入的改革探索，以他的大量论著、教材、书信、作品，构建了一套富有独创性和实践指导意义的中国现代语文教育课程论、教材论、教学论和学习论，并且为后人留下了一批弥足珍贵的中国现代语文教育经典性资料。限于篇幅，这里就不作展开了。

第十讲 叶圣陶教育思想研究的新视野、新思路、新范式

作者简介

　　朱晓进，江苏泰州人。教授，博士生导师。现任江苏省政协副主席，民进中央常委、民进江苏省委主委，江苏省社会主义学院院长，南京师范大学副校长，教育部中文教学指导委员会委员，全国鲁迅研究会副会长，全国叶圣陶研究会副会长。享受国务院政府特殊津贴。

　　出版学术专著10余部，发表学术论文百余篇。荣获教育部高校青年教师奖、国家级教学名师奖，教育部人文社会科学研究成果一等奖、江苏省哲学社会科学优秀成果一等奖、国家级教学成果二等奖等多项奖励。

近 100 年来，关于叶圣陶的研究成果可谓浩如烟海。但是，研究目前确实也面临一些很实际的问题，例如，研究选题的撞车、论题的低层次重复等情况时有发生。因此，在目前的学术情势下，叶圣陶研究到底如何继续，是我们需要考虑的问题。强调叶圣陶教育思想的当代价值，对于深化和发展叶圣陶研究是十分有意义的。同时，如何全面深入地把握叶圣陶教育思想的当代价值和意义，更是需要我们认真思考的问题。

叶圣陶教育思想作为文化遗产的独特价值，叶圣陶教育思想的丰富性，决定了叶圣陶研究远未穷尽。因此，要将叶圣陶研究向前推进，获得持续深入的发展，首先要对叶圣陶教育思想的独特价值和意义有一个比较全面的认识。叶圣陶在不同时期提出的种种教育命题依然具有强烈的现实针对性，在对叶圣陶教育思想的新的阐释中，如果我们不断从现实的理论需求出发，就会不断有新的理论命题产生，从而也会不断对叶圣陶教育思想有新的价值和意义的重新发现。拓展思路，寻找新的研究角度和研究范式是我们不断发现和发掘叶圣陶教育思想新的价值意义的有效途径。我们要认识到叶圣陶教育思想价值的可增值性，也就是说，要在对叶圣陶教育思想的不断的新的阐释中，对其价值和意义进行重新发掘，这样，我们就会从叶圣陶研究中不断生发出新的话题，不断寻找到叶圣陶研究的新的生长点。

一

对叶圣陶文化教育思想的独特价值和意义要有全面的认识和整体

的把握。

在以往的研究中，人们较多地是从文学创作和教育教学思想的各个具体领域与具体层面对叶圣陶进行研究，这当然是有必要的，但在叶圣陶研究中，文学创作和对教育教学不同侧面、不同层面的论述，绝不是一个个孤立的存在，叶圣陶文学创作的价值和教育教学思想的意义也并非止于文学和教育领域。我们要把叶圣陶教育思想当作一个整体来看，要有全局性的眼光。孤立的、割裂的、过于功利的、止于局部性的研究方式，往往会影响我们对叶圣陶教育思想精髓的全面理解，也影响我们对叶圣陶教育思想当代价值的深入发掘和对叶圣陶丰富的精神与思想资源的最大限度的应用。

五四时期是一个文化反思的时代，叶圣陶那一代的文化人，适逢中西文化交流碰撞、中国文化面临新旧转换的时期，他们谈论文化教育问题，以及他们对一切教育和文化现象的分析，往往是从不同的角度和不同的层面出发的，他们对文化教育思想的表述，其内涵绝不是单一的，而是表现为各种文化因素的相互作用。如果不注意这种多元性特征，就很难理解他们文化意识的丰富性内容。他们整体的精神活动也必然体现在不同的层次和侧面中，如果我们不从他们的文化教育思想的深刻内涵去把握和理解某一具体的层次和侧面，其研究和阐释势必会产生不可避免的片面性。

叶圣陶教育思想的源头是五四新文化运动。在五四文化革新者看来，要使中国文化教育有一个根本性的改变，将取决于整个民族对人的价值的重视程度。他们进行文化教育反省的价值依据，就是对于人的价值的肯定。叶圣陶的教育思想的内核及其形成，其实正是与五四时期文化革新的核心价值，诸如"人的觉醒""思想启蒙""人的现代化"等是相一致的。

叶圣陶在从事新文学创作初期就提出了人的自由、平等、尊严和人的发展的权利问题。他的成名作《这也是一个人》（1919 年），就揭露了中国的封建家族制度和封建礼教是如何摧残一个劳动妇女的人身自由、人格尊严和平等权利的；他的更早时期的小说《春宴琐谭》（1918 年），则较早地提出了女子受教育和享有人的发展权利的问题。叶圣陶其后的一系列小说（教育小说和非教育小说）创作，可以说都或多或少地隐含着这一母题。

就叶圣陶那一代的知识分子而言，他们基本的历史使命就是促进中华民族文化向现代化的方向转换。在此之前的一些新派人物中，如"洋务运动"的提倡者们，较为关注的是"物质文化"方面。（其后出现的"实业救国"论者实亦继承了这一思路。）另一部分人，如主张"维新"、热心"共和"者们关注的则是"制度文化"方面。然而到了五四新文化运动时期，革新者却提出了与此前不同的看法，他们明确指出，"欧美之强……根柢在人"，物质文明、民主政治等等，"此特现象之末"。也就是说，他们认为西方强盛之根本在于人自身精神文明的高度发达；"物质文明"和"民主政治"等，只有在人自身精神文明发达的基础上才得以产生。事实也一直在证明着这一点。没有人的主体精神文化的发展和人的素质的高度提升，现代化物质文明也许难以充分发挥其效能；而民主政治如果没有具有民主意识的人去掌握，这种民主政治也许会落到少数人的手中。新文化运动者们由此得出结论：中国文化的历史性转换的主攻方向，应该是在主体精神文化方面，即应注重人自身的精神文化变革。

五四新文化运动的内容指向，是人的个性意识的自觉和人的精神的张扬，是对人的自由、平等、尊严和人的发展权利的重视。应该说，叶圣陶恰恰是最早以自己的新文学创作切中新文化运动的核心命题，是融入新文化运动的重要作家之一。以整体性和全局性眼光来看问题，即如果我们将叶圣陶教育思想放到中国近代以来的文化变迁史中来加以理解，我们就不仅可以更加全面地揭示叶圣陶文化教育思想的文化史意义，还可以从叶圣陶文化教育思想中寻找到对当今文化建设和文化发展的有价值的启示。同时，从这一思想源头出发，我们还可以加深对中国现代教育发展的核心价值的理解，可以更全面地把握叶圣陶教育思想的形成和叶圣陶教育思想的价值体系，可以更加深入地把握叶圣陶教育思想的当代价值。

我们从那些人们耳熟能详的叶圣陶教育论述中，就明显可以看到其背后的那根主线：

教育事业的目标在辅导下一辈人的发育生长。

教育是附丽于人而后显出它的作用的，离开了人，也就没有教育了。

我不忘记各种功课有个总目标，那就是"教育"——造成健全的公民。

由上可见，叶圣陶教育思想的主线乃是一个大写的"人"！不仅如此，还有具体的目标，那就是"合格的公民""够格的公民"。

受教育的意义和目的是做人，做社会的够格的成员，做国家的够格的公民。

各门学科除了各自的目标之外，有个共通的总目标，就是：教育学生，使之成为国家合格的公民。

而教育的作用有大小之分，大者关系到国家社会，小者可以实现"个人的本能"。

叶圣陶在《教育与人生》中说："教育……大而言之可以挽救国家社会，小而言之，可以指导个人，改造个人的错误，实现个人的本能，它的作用是很大的。"

叶圣陶写过很多童话，他对儿童教育也尤其重视，在《小学教育的改造》中写道："儿童教育的意义，概括的说来便是使儿童在行为上得到新的人生观。要达到这个目的，须承认人生必须是自觉的，自动的，发展的，创造的，社会的，而以教育做手段使学生养成这种种品德和习惯，以至达到最高的高度。"

他还强调知识教育与体育锻炼的一致性，例如，他在《枯坐听讲》中指出："精神心思越是能自由活动，知能就越有长进，而且在许多方面，必须肢体肌肉与精神心思一致活动，才是真正的长进。"

如此诸多有关教育教学的具体论述背后，无不体现了叶圣陶源于五四时期的追求人的自由、平等、尊严和人的发展的权利的核心价值观，和此后逐步形成的"以培养现代化的中国人为目的"的叶圣陶教育思想体系。这些是叶圣陶文化教育思想的精髓，是叶圣陶反思一切文化教育现象，提出文化教育改革主张以及一系列教学改革举措的价值依据。这其实也正是叶圣陶教育思想的当代价值的最重要和最主要的内容。

二

对叶圣陶教育思想的研究要拓展思路，寻找新的研究角度和研究范式。

事物的丰富性和多样性特征，决定了我们看待该事物时，是可以也必须应从多个层面和角度来着眼。面对同样的研究对象，对研究者来说，由于其研究视角的不同，其研究所得出的结论和研究所产生的意义是不断变化的，这其中正蕴藏了叶圣陶研究的新的发展机遇。

选取的视角不同，与之相对应所能够看到的东西也不一样。要全面深入地把握叶圣陶文化教育思想的价值意义，我们看问题时就不能局限在单一的或已被滥用了的视角。我们应该善于变换角度去看问题，以多样的视角，多方位多层面地揭示叶圣陶文化教育思想的价值和意义。我曾在一篇文章中说过："不同的研究者在面对同一研究对象时，有可能因研究角度的不同，使得研究成果可以更加丰富多样。不同的研究角度和不同的研究范式，导致了不同研究者的研究成果具有不同的特点和意义。"学术研究的"新的学术空间"，对既往"思想文化遗产的当代意义或当代价值的不断发现和发掘，在相当大的程度上正包蕴在这种研究视角、研究思路和研究范式的新的变化中。当然，这里面还有一个最佳或更佳的视角的问题。即，在观照任何事物时，都可能会有一个最佳的视角，从这一个角度看对象，相对其他角度而言，可能会更接近事物的最主要的特征，更能看清事物的真相"。"正是在这个意义上，我同意这样一种说法：对历史的理解过程本质上是将历史视角化的过程。一个好的视角的发现，可以将该对象的研究引向深入，但并不意味着看事物就只能用一个视角（尽管这个视角可能是最佳）。且不说，一个最佳视角的发现，它有一个过程；也不说，视角是否属于最佳，这本身就有一个价值评判问题；就算有那么一个最佳的视角，事实上这个视角也不可能穷尽事物的方方面面的特征。""各种视角之间可以互补，从各个不同角度揭示的意义都可以共同地合理地被人们所接纳。"上述认识无疑也适用于叶圣陶研究。在叶圣陶研究中，我们也应该有一种对最佳视角的追寻，叶圣陶研究的深化，其实也常常有赖于这种更佳或最佳的视角的不断发现。但同时，我们也应该看到，叶圣陶这一研究对象的丰富性，足以使任何一个研究者难以自信地说自己的角度就是唯一正确的。叶圣陶文化遗产价值的丰富性，先在地决定了我们对其研究的视角不可能是单一的。因此，只有通过多角度的观照，才能勾画出叶圣陶思想的全貌。如果我们从多角度去研究叶圣陶文化遗产的更多意义和价值的不同侧面，就能够从叶圣陶那里获得更多、更加丰富的精神和思想资源。

例如，《中国教育报》曾刊登过一组争鸣文章，焦点是所谓"工具性""人文性"的问题。争论双方把叶圣陶的语文教育思想都定性为"工具论"，认为叶圣陶重视语言教学，弱化人文精神。但双方评价截然相反：一方认为叶圣陶的"工具论"思想是拯救语文教育的法宝，认为现在的语文教学之所以问题重重，就是因为没有全面坚持叶圣陶的语文"工具论"思想；而另一方则认为叶圣陶的"工具论"思想是导致语文教育陷入困境的祸根。且不去评价双方如此大相径庭的结论的对错，这里就有一个看问题的角度的问题。如果我们换一个视角，跳出前些年语文教育教学界有关"工具性"和"人文性"之争的角度，可能会对叶圣陶的所谓"工具论"产生不同的认识，也会从中得到更多的启示。

叶圣陶在不同的历史时期多次提出"国文是必要工具的一种""语文是工具""语言是思维工具""语言是表达、交际和交流思想的工具"等观点。虽然每次提出这些观点时的现实针对性不尽相同，但叶圣陶对语文工具性的重视是很显然的。重视语文或语言的工具性，并不意味着叶圣陶忽视语文的人文性。我们换个角度看这个问题，结论就会大不一样。如果从人的主体精神文化建设的角度来看问题，我们就会看到，"人文性"和"工具性"是高度统一在叶圣陶身上的。叶圣陶对语文工具性问题的言说，其背后一以贯之的是其对通过语文培养中国人思维能力的重视。这一命题本身就特别具有人文性，特别地彰显了人文精神。

叶圣陶教育思想的源头是五四时期的新文化运动，他的教育思想的价值核心是追求人的自由、平等、尊严和人的发展的权利，他的教育实践是"以培养现代化的中国人为目的"，这里包蕴叶圣陶教育思想的人文精神是再明显不过了。而叶圣陶反复强调的"语言是思维工具"这一教育观，其实也同出一源，即源于五四新文化运动中对人的主体精神文化建设的重视。

五四新文化运动的内容是反对旧道德，提倡新道德；反对旧文学，提倡新文学。而反对旧文学、提倡新文学的文学革命，最初的重点是反对文言文、提倡白话文的语言革命。五四时期中国文化处于全面反省的历史阶段，文化界对于语言文字问题的普遍关注，包含着一代文化先驱对中国传统文化的全面反思。他们对语言文字问题的兴趣，其总的出发点也正是在于将语言文字作为一种文化现象，通过分析语言文字与中国传统文化的关系，进而达到揭示传统文化弊端，推动文化进步的目的。一个民族的语言与该民族在长期的文化历史过程中所形成的思维方式有着密切的关系。因此，包括叶圣陶在内的五四新文化革新者们，当时认识到中国的传统语言文字存在的不准确、不确定的问题，但他们没有停留在语言的"达意"这一层次，而是进一步注意到了作为思维载体的符号系统，即语言文字对民族思维的发展、智力水平的提高所具有的制约作用。他们意识到中国传统语言的不精确性，一方面是由本民族长期文化历史进程中形成的思维方式所决定的，另一方面它又确实成了思维进步的障碍。作为现代科学思维必要条件的演绎推论，是以概念的精确为前提的。思维的进步取决于符号系统的效能，当这种符号系统的效能低下，以至于阻碍思维发展时，打破这种语言符号系统，改革和创造新的语言符号系统，就成了关系到文化进步的历史大任务。他们是从中国传统语言所标示的思维方式与现代科学发展趋势不相适应的状况，来看待中国语言的弱点，从提升中国语言的思维效能的历史要求出发，提出彻底改变中国语言文字现状的主张。五四以后发展起来的现代汉语，实际上是"欧化"了的白话文，这种语言不仅在一定程度上接近了口语，更重要的是经过吸收欧化文法、概念而形成了一个新的规范的语法系统，从而大大加强了语言思维的逻辑力量和表达的准确性、严密性，淡化了中国传统语言固有的含混、感性化、不严密的缺点，使之能够在更大程度上适应现代科学的思维要求。中国文化的这一巨大进步，是五四时期那一代先驱者努力的结果。

叶圣陶反复强调"语言是思维工具""语言是表达、交际和交流思想的工具"，正包含了叶圣陶对巩固、发扬和充分利用这一五四文化成果所作的长期的努力。叶圣陶认为，"语言和思维是分不开的。语言是思维的固定形式"；"文字的依据既是语言，语言和思想又是二合一的东西，所以文字应和语言、思想一贯训练：怎样想，怎样说，怎样写，分不开来"；"思维必须依傍一种工具，就是语言。咱们不能脱离语言而思维，思维的时候也就是使用语言、组织语言的时候……"。因此，叶圣陶在具体的教育实践中，就特别注重对学生思维能力的培养，"期望学生思考自由推理正确"；他教学课文，是想"通过语文课，训练学生从小就好好动脑筋，提高他们的思维能力和说话能力"；他改作文也重在强调"教师改作文，……所谓改动，实际是改学生的思维，是帮助学生把那些想得不完整的地方改正过来"。他甚至认为，在对学生的所有的"基本训练中，最重要的还是思维的训练"。

从人的主体精神文化建设的角度来看，重视对人的思维能力的培养，正是叶圣陶"以培养现代化的中国人为目的"的教育思想的重要组成部分。

在五四新文化运动中，新文化革新者们特别提倡和自身运用的，并形成最显著特点的两种思维方式很值得我们重视。他们作为中国人，其整体思维方式与中国文化精神有着必然的联系，但由于他们那一代人在自身思维能力的锻炼方面有着高度的自觉性，这使他们常常能避免中国传统思维方式中的非科学成分，而充分继承了中国传统思维方式中有利于思想、判断的因素；同时，他们又非常注意吸收一些外来的思维方式和方法，从而形成了被称为"五四式思维"的特点。

第一，开放性思维。即善于打破常人固有的思维秩序，以一种全新的时空观念来思考问题，放飞想象力，善于联想，善于发现处于不同时间与空间的极不相同的事物之间的内在联系，而这种具有广阔性的联想，正是开放性思维特点的显性标识。开放性思维是一种建立在现代科学进步基础之上的现代思维，近代科学的发展，如细胞学说、生物进化论、关于太阳系起源的星云假说等等，在较大程度上发现了万物之间的内在联系，因而在打破人们封闭的生存空间的同时，也要求人们思维空间的拓展。开放性思维是伴随着科学的发展而产生的。"五四"这一思维特点的形成是与五四新文化运动者们自觉地接受近代科学思想分不开的。这种在思维中对固有的单一时空范围的自觉超越，带来了他们思考问题的深刻性。

第二，批判性思维。即所谓反传统性思维、反习惯性思维、"怀疑"性思维。在中国传统文化人的思维定势中，有一种崇尚经典、崇尚"古已有之"的传统习性，例如只许"我注六经"，不许"六经注我"，就是这种习性的集中体现。凡经典的东西不允许怀疑，在任何场合均可直接拿来作为不允驳难的可以代替论点的论据。长此以往，很难产生真正伟大的思想家。因此，对于一个真正的思想者来说，不囿于古人，不轻信表面现象，敢于大胆地怀疑，这是非常重要的。批判性思维方式在五四新文化运动中具有至关重要的意义，在推进中国文化由旧向新的转换中，起到了至关重要的作用。

这种思维方式对我们当今的文化教育革新和文化教育发展来说，尤其值得提倡。作为文化的传承者，作为教育工作者，作为教育文化发展的推动者，在思考问题时就应该具有探索的精神，要有创新意识，要培养和锻炼有利于创新的思维。所谓"创新"，无非是指"发明"和"发现"。"发明"是指能创造出原来没有的，而"发现"则是指发现了前人所未曾知晓的。我们上述的"五四式思维"恰恰是适合于"创新"需要的思维方式：开放性思维有利于发明，批判性思维有利于发现。

叶圣陶有关培养学生创新性精神习惯和创新性思维能力的论述很多，其内容概括起来主要集中在三个方面。

一是主张培养学生的探索精神和创造性思维习惯。如：

教任何功课，最终目的都在于达到不需要教。假如学生进入这样一种境界，能够自己去探索，自己去辨析，自己去历练，从而获得正确的知识和熟练的能力，岂不是就不需要教了吗？（《为了达到不需要教》）

那种事事钻研，样样追究个为什么，样样能自己想出办法来实验的精神。这种精神是创造发明的动力。在社会主义建设的新时代，谁都需要有这

种精神。(《培养青少年的创造精神》)

学生要学的，不光是课本上的知识，更重要的是在各科的学习中学会自己寻求知识和解决问题的本领。(《关于探讨教材教法的几点想法》)

宜令学者随时随地探求事物之精蕴，且必经己之思考而得答案。(《对于小学作文教授之意见》)

实际上，叶圣陶在此强调的是一种能力的培养和个性独创精神，而这正是中国教育所缺乏的。作为一位语文教育家，叶圣陶对语文教育和小学教育具有独到的看法和思想。他强调：

经验贵在自己创造。……语文教学尤其要注意创造。(《从出题到批改》)

要特别注意引导他们知变、求变、善变，有所改革，有所创新。(《读书和受教育》)

儿童教育的意义，概括的说来便是使儿童在行为上得到新的人生观。要达到这个目的，须承认人生必须是自觉的，自动的，发展的，创造的，社会的，而以教育做手段使学生养成这种种品德和习惯，以至达到最高的高度。(《小学教育的改造》)

二是注重培养学生特别是儿童的开放性思维和自主思考的能力。如：

世界之广大，人类之渺小，赖有想象得以勇往而无所惧怯。儿童在幼年就陶醉于想象的世界，一事一物，都认为有内在的生命，与自己有紧密的关联，这就是一种宇宙观，对他们的将来大有益处。(《文艺谈》)

儿童的活动逾越常规，就因为他们对环境感到新奇，非常羡慕，于是引起了求知求行求享受的欲望。顺着他的欲望的趋向，作为教育的入手方法，使他们如愿以偿，才是教育者最应当尽力的事务。(《小学教育的改造》)

叶圣陶如此重视学生尤其是儿童的教育，与他早年儿童文学创作的经历大有关系。因为有丰富的相关的创作体会，所以他才能考虑得如此周到。为此，他提出：

今后的教育要着力于扩充儿童兴趣所及的范围，并使他们养成终身的习惯。(《小学教育的改造》)

要使儿童经常有求知的动机，须要根据他们的本能、欲望和兴趣，想方法来引导他们的本能，顺应他们的欲望，扩充他们的兴趣。(《小学教育的改造》)

学生自己动脑筋，得到的东西格外深刻。(《怎样教语文课》)

教是为了达到不需要教。……达到不需要教，就是要教给学生自己学习的本领，让他们自己学习一辈子。(《教育杂谈》)

在课堂里教语文，最终目的在达到"不需要教"，使学生养成这样一种能力，不待老师教，自己能阅读。……怎样启发学生，使他们自觉地动脑筋，是老师备课极重要的项目。[《叶圣陶教育文集（第2卷）》]

三是强调培养学生的批判性思维能力。如：

要使学生为"未来"作准备，当然不能只教给他们以往的成法和科学的结果，须知"成法"和"结果"是有限的，"未来"却是只顾进步没有穷尽的，所以最要紧的是引导他们练成能处置未来，进而使自己成为更高尚的人的动力。[《叶圣陶集（第11卷）》]

读书有三种态度：一种是绝对信从的态度，凡书上说的话就是天经地义。一种是批判的态度，用现实生活来检验，凡是对现实生活有益处的，取它，否则就不取……(《叶圣陶传论》)

不要盲从"开卷有益"的成语，……要使书为你所用，不要让你自己去做书的奴隶。[《叶圣陶教育文集（第2卷）》]

阅读固然要认真，但是尤其重要的是要抱着批判的态度，要区别哪些是应该接受的，哪些是不应该接受的，不能"照单全收"。不加区别地"照单全收"绝对不是妥当的读书方法，也不能提高自己的识别力。(《课程论史》)

叶圣陶这方面的诸多论述，对我们具有深刻的启示作用。进行文化和教育的创新，需要勇气，需要好奇心，需要想象力，要有激情，要不迷信已有的结论，敢于修正已经过时的结论，不唯上，不唯书，不唯洋，敢于拓展新的领域或视角，不断提出新的问题。能否做到这些，将取决于有没有批判的意识和批判性思维能力。即不仅要有挑战权威、挑战传统的勇气，更要有善于提出问题、分析问题的意识和方法。我们应该反思教育环境有没有让我们养成正确的、良好的批判性思维的习惯。因此，在当今我们更有必要提倡改善和提高我们自己的思维素质，逐步改变已经形成的思维定势和习惯的思想方法。通过批判来超越自我，应该是文化和教育创新的必经阶段。

注重培养人的创新精神和创新性思维，在叶圣陶的教育思想中是贯穿始终的内容。我们从发展中国人创新性思维能力的角度，分明可以看到其与"五四式思维"的渊源关系。而且从这一角度我们可以发现或发掘叶圣陶教育思想对当今教育文化的发展有特别重要的意义启迪和借鉴价值。

三

在对叶圣陶教育思想的新的阐释中，我们重新发现其价值和意义，使其不断增值。

我们对叶圣陶文化教育思想不断进行研究的过程，也是使叶圣陶文化遗产的价值和意义不断增值的过程。我们谈叶圣陶文化遗产意义的永恒，谈叶圣陶文化教育思想的当代价值的发掘，其实恰恰在于他作为研究对象是可以不断被阐释的，并且能够在不断的阐释中增值。

我曾在一篇文章中说过："应该重视对历史对象的意义阐释的多样性问题，研究对象的价值和意义正是在多样性的阐释中得以不断被发现乃至得以增值的。中国传统文人在治学中虽然恪守'只可我注六经，不可六经注我'的思路，但'六经'还是在世世代代文人的阐释中不断地获得增值。孔子的学说，在后人的不断阐释中形成蔚为壮观的儒家思想传统。在中国盛行了两千年的儒家思想传统之所以绝非一部《论语》所能涵盖，就因为它积累了两千年来无数思想家在阐释中对孔子思想的意义和价值的增值。"这对我们理解叶圣陶研究中的增值问题，重新发现叶圣陶文化教育思想的当代价值，应该说是有启发意义的。

我们应该努力将当代意识贯穿于叶圣陶研究之中，不断地寻找到叶圣陶文化教育思想资源与当代的现实社会价值之间的契合点，通过对叶圣陶文化教育思想作出更为丰富多彩的意义阐释，给叶圣陶研究寻找更多的机遇和更大的空间。文章开头我们所说到的叶圣陶研究中研究选题的撞车与论题的低层次重复等问题的解决由此也获得了更多的可能性。研究的选题，主要出自研究者的研究目的，即研究者想昭示研究对象文化遗产价值的哪一方面，想由此揭示什么样的意义，想告诉人们一些什么东西，他就会确定与之相对应的选题，因为从这一选题中才会呈现出他所要呈现的东西，才能揭示出他所要揭示的问题和价值意义。一代又一代人的叶圣陶研究，固然是一种积累，但要在前人的大量研究成果的基础上有所超越，仅沿着前人的思路走下去是远远不够的。一个时代有一个时代文化关注的重心，一代学人有一代学人的研究课题。不同的关注重心和不同的研究课题，导致了不同时代学人的研究成果呈现出不同的境界。如果我们在叶圣陶研究中都有这样一种选题的意识，其研究选题的撞车与论题的低层次重复等问题自然会大大减少，选题的丰富性和多样性自然会呈现出来。

如果我们能够紧紧抓住当前文化教育面临的问题和普遍关注的重心，叶圣陶研究也许就站在了一个时代的制高点上。可以说，当今我们所遇到的许多教育的实践问题和需要回答的教育理论问题，诸如教育的终极目的问题、教育改革的本质和目标问题、当代教育与中华民族伟大复兴的关系问题、创新性人才培养问题、教育体制机制改革问题、教育环境问题、教育公平问题、教学改革问题、课程改革问题等等，我们都可以从叶圣陶的文化教育思想中寻找到启示。当代的思想高度和现实理论需求总是呼唤着对固有研究对象有新的阐释和研究，而从时代的现实需求中生发的新的研究课题，会对叶圣陶研究有新的学术空间的拓展，会对叶圣陶思想文化遗产的当代意义或当代价值有新的阐释和新的发现、发掘。

综上所述，我们应该高度重视叶圣陶研究的当代性问题，因为叶圣陶文化遗产价值的长久性，叶圣陶文化教育思想意义的增值，正是体现在叶圣陶研究的当代性之中。叶圣陶研究者应该努力在叶圣陶和当代读者、当代教育工作者之间架设起沟通的桥梁。我们应该让叶圣陶研究的成果不断转化为推动现实的民族文化"重造"的重要资源。

参考文献

（按照正文出现的顺序排列）

1. 叶至善，叶至美，叶至诚：《叶圣陶集（第 19 卷）》，江苏教育出版社，2004 年版。

2. 商金林：《访叶圣陶的第二个故乡——甪直》，《钟山》，1981 年第 1 期。

3. 叶圣陶：《叶圣陶教育文集（第 2 卷）》，人民教育出版社，1994 年版。

4. 叶圣陶：《叶圣陶教育文集（第 3 卷）》，人民教育出版社，1994 年版。

5. 叶圣陶：《叶圣陶教育文集（第 1 卷）》，人民教育出版社，1994 年版。

6. 李泽厚：《华夏美学·美学四讲》，生活·读书·新知三联书店，2008 年版。

7. 董菊初：《叶圣陶语文教育思想概论》，开明出版社，1998 年版。

8. 史晓风：《圣陶下成长》，人民教育出版社，2008 年版。

9. 商金林：《叶圣陶年谱长编（第 4 卷）》，人民教育出版社，2005 年版。

10. 叶至善，叶至美，叶至诚：《叶圣陶集（第 8 卷）》，江苏教育出版社，2004 年版。

11. 顾黄初：《现代语文教育史札记》，南京出版社，1991 年版。

12. 商金林：《叶圣陶传论》，安徽教育出版社，1995 年版。

13. 叶至善，叶至美，叶至诚：《叶圣陶集（第 11 卷）》，江苏教育出版社，2004 年版。

14. 商金林：《叶圣陶年谱》，江苏教育出版社，1986 年版。

15. 叶圣陶：《倪焕之》，人民文学出版社，1962 年版。

16. 叶至善，叶至美，叶至诚：《叶圣陶集（第 16 卷）》，江苏教育出版社，2004 年版。

17. 叶至善，叶至美，叶至诚：《叶圣陶集（第 13 卷）》，江苏教育出版社，2004 年版。

18. 叶至善，叶至美，叶至诚：《叶圣陶集（第 25 卷）》，江苏教育出版社，2004 年版。

19. 叶圣陶著，中央教育科学研究所编：《叶圣陶语文教育论集》，教育科学出版社，1980 年版。

20. 约翰·杜威：《杜威五大讲演》，安徽教育出版社，1999 年版。

21. 刘斌：《古代学术的践行品格与当代教育》，《福建论坛》，2009 年第 8 期。

22. 黎靖德：《朱子语类（第 1 卷）》，中华书局，1986 年版。

23. 顾黄初，李杏保：《二十世纪前期中国语文教育论集》，四川教育出版社，1991 年版。

24. 叶圣陶著，叶至善编：《叶圣陶答教师的 100 封信》，开明出版社，1989 年版。

25. 叶圣陶：《叶圣陶序跋集》，生活·读书·新知三联书店，1983 年版。

26. 陶行知：《陶行知全集（第 2 卷）》，四川教育出版社，2005 年版。

27. 陶行知：《陶行知全集（第 1 卷）》，四川教育出版社，2005 年版。

28. 刘晓东：《儿童文化与儿童教育》，教育科学出版社，2006 年版。

29. 鲁迅：《鲁迅全集（第 1 卷）》，人民文学出版社，1981 年版。

30. 夸美纽斯：《大教学论》，教育科学出版社，1999 年版。

31. 约翰·杜威：《明日之学校》，人民教育出版社，1994 年版。

32. 鲁迅：《坟》，人民文学出版社，1973 年版。

33. 周作人：《周作人文类编》，湖南文艺出版社，1998 年版。

34. 中央编译局：《马克思恩格斯选集（第 2 卷）》，人民出版社，1995 年版。

35. 康德：《历史理性批判文集》，商务印书馆，1990 年版。

36. 程焉平：《生命伦理问题的起源与演变——当代生命伦理学争鸣与探讨》，中央编译出版社，2010 年版。

37. 刘晓东：《儿童精神哲学》，江苏教育出版社，1999 年版。

38. 卡尔·萨根：《伊甸园的飞龙：人类智力进化推测》，河北人民出版社，1980 年版。

39. 潘知常：《众妙之门：中国美感心态的深层结构》，黄河文艺出版社，

1989 年版。

40. 顾黄初：《叶圣陶语文教育思想讲话》，开明出版社，1994 年版。

41. 课程教材研究所：《20 世纪中国中小学课程标准·教学大纲汇编（语文卷）》，人民教育出版社，2001 年版。

42. 钟启泉，崔允漷，张华：《〈基础教育课程改革纲要（试行）〉解读》，华东师范大学出版社，2001 年版。

43. 吕达：《课程论史》，人民教育出版社，1999 年版。

44. 丛立新：《课程论问题》，教育科学出版社，2000 年版。

45. 丛立新：《课程发展的决定力量——课程内部的几个基本关系》，《教育研究与实验》，2001 年第 3 期。

46. 张华：《课程与教学论》，上海教育出版社，2000 年版。

47. 张志公：《叶圣陶先生——教育界一代宗师》，《课程·教材·教法》，1994 年第 10 期。

48. 施良方：《课程理论——课程的基础、原理与问题》，教育科学出版社，1996 年版。

49. 魏本亚：《叶圣陶"私拟"语文课程标准的当代价值》，《语文建设》，2008 年第 1 期。

50. 徐龙年：《语文课程标准与叶圣陶语文教育思想》，《教育探索》，2003 年第 10 期。

51. 王荣生：《语文课程标准编制的历史经验与教训——1956 年语文教学大纲述评》，《课程·教材·教法》，2008 年第 1 期。

52. 钟亮：《品味叶圣陶先生的"翻转课堂"》，《语文教学通讯·高中刊》，2014 年第 12 期。

53. 丰陈宝，丰一吟：《丰子恺散文全编》，浙江文艺出版社，1992 年版。

54. 叶圣陶著，杨斌选编：《如果我当教师》，教育科学出版社，2012 年版。

55. 陈日亮：《救忘录》，华东师范大学出版社，2014 年版。

56. 苏霍姆林斯基：《给教师的建议》，教育科学出版社，1984 年版。

57. 叶圣陶著，朱永新编：《叶圣陶教育名篇选》，人民教育出版社，2014 年版。

58. 叶圣陶著，王木春选编：《叶圣陶教育演讲》，教育科学出版社，2014年版。

59. 约翰·杜威著，邱磊编：《杜威教育箴言》，华东师范大学出版社，2015年版。

60. 《新时期教师应该具备怎样的师德修养》，https：//wenku. baidu. com/view/bfacec2fde80d4d8d05a4f2c. html？from＝search。

61. 梁杰：《叶圣陶"双主"教育思想发展概说》，中国矿业大学出版社，2004年版。

62. 威廉·H·克伯屈：《教学方法原理——教育漫谈》，人民教育出版社，1991年版。

63. 约翰·杜威：《民主主义与教育》，人民教育出版社，2001年版。

64. 叶圣陶：《开明国语课本》，上海科学技术文献出版社，2005年版。

65. 约翰·杜威：《我的教育信条》，华东师范大学出版社，2015年版。

66. 叶至善：《父亲的希望》，中国青年出版社，2000年版。

67. 智效民：《叶圣陶批评应试教育》，《教师博览》，2012年第4期。

68. 陈鼓应：《庄子今注今译》，商务印书馆，2007年版。

69. 徐志刚：《论语通译》，人民文学出版社，2008年版。

70. 任苏民：《教育与人生——叶圣陶教育论著选读》，上海教育出版社，2004年版。

71. 鲁迅：《文化偏至论》，《河南》月刊第七号，1908年8月。

72. 朱晓进：《从鲁迅文化遗产的独特价值看鲁迅研究的深化发展问题——在纪念鲁迅诞辰120周年学术讨论会上的发言》，《鲁迅研究月刊》，2002年第3期。

后　记

　　本书是江苏省叶圣陶教育思想研究所的一项工作成果，或者准确地说，是其中一个项目的副产品。

　　自 2013 年研究所成立以来，我即受命负责叶圣陶教育思想高级研修班的组织工作。这个研修班迄今已经四届，来自苏州市各地各校的 300 多位学员从研修班结业。收进本书的 10 篇文章，就是从众多专家讲座中精选出来的演讲稿，并在此基础上邀请作者再度加工整理而成。为此，首先感谢为研修班开设讲座的所有专家学者，因为他们奉献出的学识智慧，让学员们打开了一扇新的窗户，开启了一段新的精神之旅；尤其要感谢本书的作者们，他们开设的叶圣陶教育思想系列讲座是我们研修班的主干课程，感谢他们从不同视角、不同侧面、不同进路把学员带进了叶圣陶教育思想这片充满无限生机的新的天地。播下的种子，迟早要发芽。面对正在进行深刻变革却又在摸索方向和寻找动力的中国教育，叶圣陶教育思想无疑是一份极具理论定力、实践活力和变革冲击力的丰厚的思想资源。思想一旦被群众掌握，就会变成变革现实的物质力量。还是那句老话：相信种子，相信岁月！相信叶圣陶教育思想的蓬勃生命力！

　　以上可算是对本书副标题的一个说明。接下来，要对本书主标题"为人生的教育"作一解释。坦白地说，用"为人生"来为叶圣陶教育思想命名，源自鄙人，知我罪我，唯唯否否；但初衷绝非有意标新立异。话还要从头说起。

大约在本世纪的最初几年，作为叶圣陶母校的江苏省苏州一中，正在扎扎实实地推进全校性的学习实践叶圣陶教育思想活动。是时，社会上正弥漫着一股浓厚的否定叶圣陶教育思想尤其是语文教育思想的风潮。但颇具胆识的学校领导不为所动，逆风起飞，将践行叶圣陶教育思想作为学校办学特色大张旗鼓地予以建设。在此背景下，启动建立"叶圣陶教育思想展馆"工程，历经几任校长，坚持不懈，终于在 2012 年纪念叶圣陶从教100 周年前夕功告以成。正是在撰写展馆文字的过程中，大家遇到了无法绕过的一个难题，即如何为叶圣陶教育思想命名。子曰："必也正名乎！"展馆文字必须回答叶圣陶教育思想"是什么"和"为什么"的问题。而作为学校叶研课题的学术主持人和展馆内容的主要研究者，我对此自然责无旁贷。

　　我的想法主要是基于以下几点：

　　第一，从现实需要看，学校以践行叶圣陶教育思想作为办学特色贯穿学校全面工作，包括德育、教学、教师队伍建设等，仅用"教为不教"或"习惯养成"显然无法统摄工作全局。

　　第二，从理论逻辑看，叶圣陶教育思想有一个自洽的思想体系，即"教育的价值在于打定人生观根基"，主张中小学教育要着眼于学生未来的成长和终身发展，为学生一生发展奠基。这是叶圣陶一以贯之的教育思想主脉。正是在这一思想统摄之下，才孕育出许多脍炙人口的重要教育观点。而"教育为人生"恰可以作为统摄其若干教育思想的总纲。

　　第三，"教育为人生"的思想内涵乃至概念表述不仅弥散在叶圣陶各类文章之中，而且有着深层次的历史背景和时代氛围，即对旧式教育的批判否定，五四时代"人"的觉醒，现代教育"人"的发现，甚至当下教育见分不见人的"人"的缺失等等。换言之，叶圣陶教育思想包孕的丰富内涵、深刻意蕴和时代高度，也需要有更宽广的概括视角。

　　第四，叶圣陶晚年曾经亲自审定其教育思想的表述，即"教是为了达到不需要教"。此点无疑是"教为不教"论之有力证据，但思想史告诉我们，一个人思想的形成、演变是非常复杂的过程，时代变迁、社会思潮的影响有时甚至是连自己也习焉不察，所谓"不识庐山真面目，只缘身在此山中"。哲学家李泽厚说过："许多伟大的思想家早期在建立自己的整体世界观的进程中，具有多方面的异常丰富的思想，但在他以后的一生中，多半是自觉或不自觉地依据时代的需要，充分发展了他的世界观或思想中的某些方面而非全部。"（《艺术杂谈》，《文艺理论研究》，1986年第3期）而叶圣陶恰恰就是这样。今天，研究者的重要任务之一，就是要发掘叶圣陶在前半生已经鲜明形成并充分阐释，而在后半生由于种种现实原因模糊或忽略了的重要思想、观念。尤其需要强调的是，纵观叶圣陶教育思想发展走向，其"教是为了达到不需要教"之动因、旨趣和理据，仍然是要归结到教育为人生发展奠基这一厚重的思想基石之上。

因此，在叶圣陶教育思想展馆内容研究过程中，我在广泛征求专家及各界意见基础上，即以"教育为人生"作为其思想总纲，下列若干思想子系统作为梁柱支撑。在此基础上编选的叶圣陶教育思想读本《如果我当教师》，也是以此作为脉络构建全书；此后，在编选《教育照亮未来：民国八大教育家经典文选》时，我将叶圣陶作为一家，跻身于蔡元培、胡适、张伯苓、经亨颐、晏阳初、陶行知、陈鹤琴等民国著名教育家之列，其"为人生"教育思想也得以大力弘扬。其间种种考虑，在两书序言中交代甚详，此不赘述。

但是，需要强调说明的是，尽管如此，以"为人生"来为叶圣陶教育思想命名，仍然只是一家之言；以此作为书名，也并不意味着本书作者都认可这一说法。相反，阅读本书大家就会发现，对叶圣陶教育思想的解读和发现，各具慧眼，别具匠心，而这恰恰彰显了叶圣陶教育思想的一个特色：丰富性。横看成岭侧成峰，远近高低各不同。在本书的整体构架中，导言是全书概论，详述叶圣陶"教育为人生"思想总纲以及纲目之间的关系。第一讲至第七讲，如同七根梁柱，从不同侧面支撑起叶圣陶教育思想的巍峨大厦。第八讲至第十讲，又分别从思想渊源、文化底蕴和研究方法等方面予以透视剖析。这是一个近乎完美的整体架构。但这并不妨碍有的篇章有的作者，依据自己的理解着眼于叶圣陶思想全貌并予以概括阐述，这当然也是应予以尊重并值得鼓励的，既不影响本书构架之体系完整，也可彰显研究者对于某些问题的独到见地。

最后，想说一说本书的几个特点。如前所述，叶圣陶是一位伟大的教育家。叶圣陶教育思想是一笔宝贵的精神财富，也是一座有待深入探究的思想宝库。本书力邀各位教育名家名师，以广阔的理论视角、深厚的学术素养，精心选择探究之点，定向突破，深度掘进，从不同侧面对叶圣陶教育思想进行全方位深入透视，侧重阐述其理论意义和实践价值，同时兼顾其学理层面的提升以及和经典教育思想的呼应。本书成书过程历时三年，各位名家名师对研究专题反复钻研，多次演讲，不断完善，总体呈现出如下特点。

科学性：秉持科学态度，仰慕而不盲目，求真求实，论从证出。对研究对象不矮化也不神化，断语讲求分寸，逻辑力求严谨。既充分评估其意义和价值，又实事求是，做到有一分依据说一分话。

权威性：不泛泛而谈，面面俱到，而是选准一点，精心梳理此点教育思想的形成脉络，深入阐述其意义价值，同时又参照中外教育思想坐标为其厘定位置，脉络清晰，方位准确，使之成为该专题的前沿成果和权威解读。

经典性：力避时下一些专家浮华哗众、游谈无根的演讲风格，把讲稿撰写当作一项严肃的学术研究工作，努力凸显成果的学术品位、文献品质和经典价值。

此乃悬鹄，其实若何，尚待方家。

"一切历史都是当代史。"对叶圣陶教育思想的研究，也是如此。对话，首先是致敬，致敬前辈们对教育的笃诚信仰和赤子情怀，这是当下人们最为缺乏的品质；不仅为了致敬先贤，也是为了让其思想增值，让先贤的智慧润泽当下；不仅为了让思想增值，更是为了开启叩问与寻求教育救赎之路，让大师的思想照亮未来。如同整个社会一样，中国教育正处在广阔而深刻的转型之中，其复杂性、艰巨性前所未有。如何承继传统教育思想之精髓而剔除其粘连的封建基因，如何汲取现代教育思想之神韵而不丢失民族特色；如何适应飞速变动的社会现实而能保持教育应有品格，如何满足大众的殷切期盼而又顺应历史前进的方向？林林总总，错综纷纭；贞下起元，革故鼎新。是所望焉。

此为记。

杨　斌

2017 年 7 月初稿，2018 年 6 月改定于江苏省叶圣陶教育思想研究所